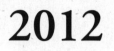

Iª edición: abril, 2008

2012

D.R. © 2008, Luis Oscoy

D.R. © Ediciones B México, S.A. de C.V.
Bradley 52, Colonia Anzures. 11590, México, D.F.

www.edicionesb.com.mx

ISBN: 978-970-710-346-7

Luis Ortiz Oscoy

2012

EDICIONES B
GRUPO ZETA

Barcelona • Bogotá • Buenos Aires • Caracas • Madrid • México D.F. • Montevideo • Quito • Santiago de Chile

Índice

Parte I: la búsqueda

Parte ii: el encuentro

■

A los hijos de mis hijos y a los hijos de los hijos de toda la humanidad, esperando que este libro y las enseñanzas de los maestros de ésta y otras dimenciones, ayuden a entregarles un mundo en conciencia.

AGRADECIMIENTO

A todos y todas que de alguna forma ayudaron con su apoyo, conocimiento e inspiración.

Prólogo

Las personas frecuentemente marcan su vida con algunos acontecimientos que se quedan en su memoria para siempre. A veces, son experiencias como el nacimiento de un hijo o la visita a lugares maravillosos.

Para algunos de nosotros, estas vivencias han transformado su sentido hacia un significado espiritual, así como cuando por primera vez nos damos cuenta de que Dios es más grande de lo que nos han hecho creer o del concepto que otras personas tienen de Él, la visita de un ángel o una visión que resulta tan real como estar completamente despiertos.

El doctor Luis (como yo le digo) es un médico muy exitoso en México. En realidad, él no tiene ninguna necesidad de escribir libros esotéricos que se expongan a la falta de entendimiento de sus colegas, pero aquí está, haciendo justamente eso en las páginas que estás por leer.

Como podrás descubrir, él ha sido contactado de una manera espectacular por energías sagradas... sucesos que no se pueden explicar fácilmente y vivencias que han cambiado su vida para siempre. El contenido de este libro se basa en todo esto.

La información que comparte no sólo trata de sus experiencias, sino también de lo que seres de "otras dimensiones" le han revelado acerca de la humanidad. ¿Qué crees que le hayan dicho? ¿Qué podría ser tan fascinante que se haya visto en la necesidad de escribir acerca de ello?

La respuesta yace en estas páginas, pero te daré una pista: estamos por experimentar un cambio de conciencia que nunca antes se había dado en la Tierra. El potencial de lo que podemos hacer es asombroso, inclusive alternar dimensiones.

Se trata del ADN y de la salud. Se trata de un salto cuántico que está ante nosotros. Se trata, en realidad, ¡de TI!

Acompaña al doctor Luis en estas páginas mientras describe sus vivencias y lo que le comunicaron fuentes de amor infinito, quienes nos revelan el futuro potencial de la humanidad.

LEE CARROLL
autor de *Kryon* (serie de libros)
y *Los niños índigo*

Introducción

Por fin tomé la decisión de escribir este libro. Las dudas que acudían e interrumpían su inicio estaban relacionadas más que nada con el formato que tendría. ¿Qué sería más conveniente? ¿Un libro como mi anterior obra, *Las preguntas del alma*, en el que se analizaran diferentes cuestionamientos sobre bases científicas que pudieran ser demostradas? ¿O una novela en la que a través de la imaginación se compartiera información sin causar escozor entre la comunidad científica, de tal forma que me permitiera verter todo aquello que sé que debe ser transmitido, tenga o no comprobación científica? Finalmente, llegué a la conclusión de que la novela sería más digerible para aquellos lectores que necesiten dicha comprobación así como para los que ya están en el camino, se sentirán como acompañantes en esta aventura que puede transformar una gran cantidad de paradigmas.

Hoy en día, esta información no es necesaria, sino indispensable para la supervivencia humana. No podemos seguir en este marasmo sin hacer nada. Las primeras líneas, como los primeros pasos de un camino, están ya dadas. Ahora, recorrerlo será más fácil, porque al escribir no es la mente ni son los dedos los responsables de lo que estás leyendo, sino "algo" que está más allá de lo que normalmente conocemos los humanos. Es aquello por lo cual fuimos creados y que actualmente tenemos la posibilidad de explorar.

Te invito a que nos acompañemos en este camino sin retorno en el que al final encontraremos la meta para la cual todos fuimos creados.

Si no es que la totalidad, sí gran parte de los acontecimientos de esta lectura están basados en hechos reales, sin embargo, dejemos que el formato de novela nos dé la posibilidad de la duda, que permite transmitir todo lo que debe ser conocido sin que sea cuestionado. De cualquier forma, aquél que esté listo para entender lo que aquí se relata, sabrá de lo que estamos hablando, y para aquellos que se encuentran en un proceso de aprendizaje, esta obra será una historia que les dejará una inquietud que los llevará a cuestionarse sobre el verdadero propósito del ser humano.

PARTE I

La búsqueda

ILUSIONES Y LUCIDEZ

Despertar y tomar conciencia de mi existencia fueron acciones que sucedieron como todos los días de mi vida; sin embargo, esa mañana tendría lugar una experiencia completamente diferente a todo lo que había conocido en esta tercera dimensión.

Algunas veces, tengo que confesarlo, sucedieron hechos extraordinarios que hicieron que me cuestionara si lo que vivía a diario era todo lo que existía o si había algo más allá de lo que alcanzaba a percibir, que no me había sido develado.

Como muchos buscadores, en todo momento me encuentro en espera de algún suceso que me brinde la certidumbre de estar transitando por el camino correcto, una señal que me deje saber que no estoy desperdiciando el tiempo creyendo en algo más allá de lo que conocemos.

Muchas veces, el ego, ese pequeño demonio que habita en nosotros, nos hace creer que es el responsable de nuestra búsqueda y que, quizá, no exista nada más de lo que percibimos en el mundo a través de los cinco sentidos.

Creo que estos cuestionamientos nos los hacemos la mayoría de los buscadores de manera constante, momento a momento, esperando un milagro que nos permita demostrarle a los demás que estamos en lo correcto, que no hemos perdido el tiempo, que no estamos locos. Sin embargo, ¡qué cierto es que todos estos pensamientos sólo son la manifestación del ego del reconocimiento! Entonces, ¿dónde estaba mi respuesta?, ¿dónde tenía que buscarla?

Muchos maestros me habían hablado de que todos los seres humanos tenemos un maestro interno, pero en mi caso, más que buscar la respuesta a todas mis dudas en esa sabiduría interna, necesitaba de algo o de alguien externo que me diera certidumbre de que todo aquello que yo creía era verdad.

Desgraciadamente, mi ego era tan grande o tan inseguro, que mañana a mañana me planteaba la misma pregunta: ¿existe otra realidad aparte de la que percibo con mis sentidos? Y ese día aparentaba ser igual a los anteriores: mirarme al espejo, reconocer al mismo de siempre, quererlo y, de alguna manera, también criticarlo. Y, ¡claro!, desde esta tercera dimensión arreglarme y mejorarme: una peinada aquí y otra allá, un poco de loción, una camisa, un pantalón, y de nuevo salir al movimiento diario del mundo para enfrentarlo como un ser evolucionado que sabía que su potencial estaba más allá de los cánones establecidos.

Pero, ¿realmente lo creía o era sólo una ilusión, y al final el día sería como todos los anteriores? Un animal de la escala biológica con un poco más de razonamiento que las otras especies, con poca o ninguna conciencia. ¿En realidad creía que el ser humano estaba listo para un gran cambio o era sólo la ilusión en la que muchos humanos de esta época nos habíamos refugiado? ¿Por qué refugiarnos? ¿Tal vez nos habíamos hartado de los dogmas de la política y la sociedad? ¿Existía algo más?

Tomé el volante del auto y comencé el recorrido por el camino diario hacia mi trabajo. Trataba de ejercer la tolerancia con todas las personas con las que me atravesaba que conducían irresponsable y velozmente su auto, pensando: "Está bien, no debo molestarme. Sólo observar. No debo producir sustancias que dañen mi organismo. Mis emociones deben ser coherentes", refiriéndome a esos famosos neurotransmisores que al final de cuentas no son más que químicos, pero que, por fortuna o por desgracia, son los responsables de nuestros pensamientos.

Recuerdo que en mi época de estudiante de medicina,

la comunidad científica consideraba que nuestros pensamientos estaban regidos únicamente por el funcionamiento cerebral. Hoy día, sabemos que somos un paquete de carne, huesos, piel, neuronas, etcétera, que reacciona a los químicos que fluyen por nuestra sangre. Si tengo endorfina en la sangre, mis pensamientos serán de amor, creación y de belleza; si, por el contrario, el cortisol es el que predomina en mi sangre, mis pensamientos serán de miedo, destrucción o supervivencia. Cuán difícil resulta, después de conocer todo esto, darnos cuenta que teniendo el potencial para regular estos químicos, no somos sino esclavos de los mismos. Y todos los días, lo único que rige nuestro pensamiento y conducta es la falta de voluntad para cambiar nuestra observación de la vida, y elegir ver todo negro y oscuro o blanco y brillante, dependiendo del neurotransmisor que en ese momento circule por nuestra sangre.

Aun así, la mayoría de las veces surgía en mí un fuego devastador que pretendía fulminar a quien no obedecía las señales viales, al agente de tránsito que entorpecía la circulación en lugar de agilizarla y ¡ni qué decir al escuchar las noticias en la radio y enterarme de los conflictos bélicos en todo el mundo o los que sucedían en mi ciudad o en mi país! Un grupo de personas manifestándose tomó las calles para protestar, y la media hora que generalmente tardaba en llegar a mi trabajo, se convirtió en dos horas.

¿Cuál es el motivo por el que nadie hace bien lo que tiene que hacer? ¿Por qué las personas no "despiertan"? ¿Por qué no entran en conciencia todos los líderes religiosos, los líderes políticos y los líderes de sectas o comunidades de la Nueva Era?

Con todos estos pensamientos y con la misma monotonía, llegué a mi oficina. Saludé a quien tenía que saludar, no sé si por costumbre o por cariño, pocas veces me lo cuestionaba.

Y, por supuesto, la mayoría de las veces no le daba a cada persona la importancia que tenía, como en la historia del excombatiente de la guerra de Vietnam, que en una ocasión logró salvar su vida gracias a un paracaídas y, tiempo después, dando una conferencia sobre su experiencia de supervivencia, un hombre se le acercó y le comentó que él había sido el encargado de empacar su paracaídas. Entonces, hasta ese momento el oficial pudo apreciar lo valioso que es el trabajo de otras personas y que los logros no se alcanzan de manera independiente, sino que hay otras personas que, aunque no consideremos importante su trabajo, han sido piezas clave para alcanzar nuestros logros y haber llegado hasta donde estamos.

Preparé un café, me senté frente a la computadora y empecé a abrir mis correos electrónicos. Como siempre, la mayoría consistía en publicidad tratando de vender o promocionar algún producto o servicio para los que no existe una necesidad real; otros, de amigos mandando algún pensamiento bello de amor, el cual era necesario reenviarlo a cinco o diez personas más para que mis deseos se realizaran; algunos otros eran chuscos y el resto era de trabajo. Para mí, esa era una forma de comunicarme con el gran inconsciente colectivo de la sociedad, desde la privacidad de mi oficina.

Después revisé la bandeja del correo no deseado, en la cual normalmente entran mensajes de promociones de productos maravillosos para los adultos maduros. Fue aquí, en este pequeño espacio, donde encontré un mensaje que cambiaría para siempre no sólo mi visión de la vida, sino la de toda la humanidad.

Abrí el enigmático correo y lo único que decía era:

Por fin estás listo. Ahora puedo hablar contigo.

"¿Listo para qué?, fue la primera pregunta que vino a mi mente. ¿Quién es ese que dice que ya estoy listo y, sobre todo, para hablar con él? ¿Quién es? Y, bueno, con esta clase de cuestionamientos me estaba colocando a la altura de aquél que juzgaba si estaba o no listo.

Las horas pasaron y al final del día de trabajo leí nuevamente mis correos y, para mi sorpresa, volví a encontrar

otro mensaje con la misma dirección del misterioso personaje. Decía así:

> *Yo ya estoy listo y tú también. Sé que has tenido que*
> *experimentar muchos sufrimientos en tu vida, como la*
> *pérdida de tu abuela, tu gran maestra, o la de tu padre,*
> *tu guardián. Sé que también has vivido situaciones ma-*
> *ravillosas como tus viajes a Oriente, pero todo eso ya pasó.*
> *Tienes la opción: el momento ha llegado. Debes de asumir*
> *tu responsabilidad y dar a conocer lo que tengo que trans-*
> *mitirte. Mañana estaré de nuevo en contacto contigo. Te*
> *deseo felices sueños. Firma: Un Maestro de Luz.*

Mi respuesta inconsciente fue inmediata. Contesté el
correo sin razonarlo mucho:

> *Maestro de Luz: Si de verdad lo eres, ¿por qué empleas*
> *este medio para comunicarte conmigo, en lugar de hacerlo*
> *por medio de un sueño o de canalizar el mensaje a través de*
> *mi mente? Lo que hablas de mi pasado, muchas personas*
> *lo conocen, no sé qué tratas de lograr con todo esto, pero no*
> *pierdas tu tiempo ni hagas que pierda el mío.*

Apagué la computadora sintiéndome un poco moles-
to, y di por terminado el día. Regresé a casa sin comentar

nada a nadie de lo que había sucedido, y después de cenar me dispuse a leer un poco, como cada noche antes de dormir. El libro en turno era como muchos de esta época: un libro de autoayuda, que hace diez años era tan difícil de encontrar como una aguja en un pajar, pero que hoy en día se podían contar por cientos. Sin duda algo había cambiado con el tipo de información que circulaba, porque no sólo se podían adquirir fácilmente libros de autoayuda, sino también libros como los de *Kryon* en los que se comparte una enseñanza canalizada.

Por cierto, el concepto de información canalizada siempre había resonado en mi mente y me hacía cuestionarme sobre su significado. Con el tiempo pude entender que simplemente se trata de que nuestro cerebro de pronto tiene el potencial para entrar en contacto con conocimientos que no son de todos los días o de todos los seres humanos, sino enseñanzas superiores, por llamarlas de alguna forma, que de repente permean en nuestro pensamiento y nos hacen hablar o escribir sobre un conocimiento que no sabíamos ni habíamos imaginado siquiera.

Hoy, gracias a estudios de neurociencias, sabemos que existe una pequeña parte en nuestro cerebro llamada "zona temporoparietooxipital", que cuando se activa nos permite acceder a conocimientos más profundos, y lo más asombroso es que ese tipo de información habla únicamente de situaciones positivas, de amor y de comunicación con la Gran Mente o el Creador.

Por fin, todos estos nuevos conocimientos empezaban a descorrer el velo de lo mágico o lo esotérico para mostrarnos un camino de conocimiento al que todos tenemos acceso, y no sólo algunos privilegiados.

Para alcanzar ese conocimiento superior, muchas veces sólo es indispensable permanecer en un espacio de quietud y comunicación con nosotros mismos, lo que nos lleva a conectarnos con la fuente creadora de todo lo visible y lo invisible.

Esa noche, sobre mi buró estaba el libro de Deepak Chopra, *Sincrodestino*, una palabra o un concepto atribuido a Jung e inspirado en los trabajos de Einstein, sobre la teoría de la relatividad.

Chopra comenta que fuera de esta tercera dimensión —por supuesto— podría existir una cuarta dimensión de espacio/tiempo donde no operan los parámetros del tiempo tal como los conocemos, y donde pueden existir todos los tipos de posibilidades que no están condicionadas por las ataduras de la tercera dimensión.

Después de algunos minutos de lectura, decidí iniciar "la otra vida", como yo le llamo al mundo de los sueños. Y es que realmente existe. Cuando se experimenta el sueño lúcido cada noche, permaneciendo seis u ocho horas en un espacio de *no tiempo,* en el cual se tiene conciencia de que se está viviendo una experiencia lúcida vivencial, todo cambia. Aún recuerdo cómo pude penetrar por primera vez en esa experiencia tan maravillosa de nuestra mente.

Buscar el por qué de la existencia es una de las ocupaciones de la mente de muchos de los seres humanos. A mí, esta incesante búsqueda me ha llevado a muchos lugares.

Recuerdo aquella vez, después de un recorrido de más de 24 horas en avión, por fin haber aterrizado en Katmandú: los olores del aeropuerto, el bullicio y los vendedores. Pero, sobre todo, recuerdo a los taxistas piratas, que allá son la gran mayoría… Tengo muy presente la cara del taxista al que le mostré la tarjeta del monasterio al que quería que me llevara. Su respuesta fue inmediata: "Ese lugar está muy lejos, te costará el doble". Afortunadamente, los precios eran más bajos, y ante la amenaza de 20 dólares, acepté. En el camino, el taxista se detuvo para hacer una llamada y me comentó que no era posible llevarme al monasterio porque no se encontraba el Rimpoché, el director del mismo. No tuve otra opción que regresar a Katmandú. ¡Claro! al hotel que el taxista decidió y que le ofrecía una comisión por cada turista incauto que llevara.

Después recapacité en que todo lo que me había dicho el taxista era mentira, y de inmediato contraté otro transporte que me llevara al monasterio. No había viajado 30 mil kilómetros para que un taxista pirata echara por tierra mis intenciones de aprender de los grandes maestros.

Fue maravilloso encontrarme ante las puertas del monasterio, y más reconfortante fue cuando el lama encargado del mismo me recibió con esa maravillosa sonrisa que la mayoría de los monjes budistas mantienen todo el tiempo.

En un inglés a medias iniciamos la plática e inmediatamente pedí hablar con el gran maestro Rimpoché, a quien había contactado vía Internet, por medio de un amigo, para poder asistir al monasterio.

La respuesta del lama ante mi pregunta del Rimpoché me dejó más que perplejo, al pensar en el sacrificio económico y las vicisitudes de recorrer medio planeta para llegar hasta allá. Me dijo que Rimpoché no se encontraba por el momento, y que probablemente regresaría… ¡en tres meses!

Mi reacción interna en ese momento no creo que tuviera nada que ver con la tolerancia o la iluminación. ¡Quería gritar, patalear! No sé, quizá ¡hasta golpear al lama!

El lama me explicó que sólo Rimpoché podía autorizar que yo me quedara en alguno de los departamentos que se encontraban en las afueras del monasterio y que eran utilizados por los occidentales que, como yo, iban en búsqueda de las grandes respuestas.

El lama siguió hablando y lo que dijo en seguida me dejó sin palabras:

—Mira, no puedes quedarte en los departamentos de la ciudad sin una autorización expresa de Rimpoché, pero, si no te importa, puedes quedarte dentro del monasterio.

Primero pensé que no había entendido su limitado inglés, pero no, ¡eso me estaba ofreciendo! Bueno, por una parte fue maravilloso que no se encontrara Rimpoché, porque de otra forma no hubiera tenido esa maravillosa oportunidad; aunque, por otro lado, no tendría acceso a sus enseñanzas.

Me mostraron el cuarto donde me quedaría: era pequeño, de dos por tres metros con el baño incluido. No existía mobiliario, solamente un tapete en el piso que servía como cama. ¡Qué increíble! Me encontraba en el otro lado del mundo dentro de un monasterio budista.

Como el día había estado tan cargado de emociones decidí descansar y dormir utilizando mi mochila como almohada. Acostado en el tapete de bellos colores me dispuse a dormir plácidamente. Afortunadamente, logré conciliar el sueño de inmediato, pero algo sucedió. Empecé a experimentar un sueño en donde múltiples figuras geométricas de todos colores aparecían en mi mente.

Era maravilloso, pero apenas eran las diez de la noche y necesitaba descansar. Sin embargo, cada vez que intentaba conciliar el sueño, las figuras geométricas de todos colores aparecían de nuevo. Pensé que tal vez ese tipo de visiones eran las que se producían en la mente con las drogas alucinógenas. Era agradable, pero la experiencia no me dejaba dormir, y cada vez me sentía más cansado. Sabía que al día siguiente, a las cinco de la mañana, sería la meditación en el monasterio y yo quería estar listo para participar en ella y poder disfrutarla.

Eran las tres de la mañana cuando finalmente desistí de mi empeño de dormir. A esa hora salí al patio del monasterio, era fantástico contemplar el cielo estrellado desde ese lugar. ¡Qué paz, qué energía tan maravillosa se percibía en el ambiente! Pero el momento se rompió de inmediato, cuando los monos del monasterio hicieron su aparición, y no era uno o dos, eran docenas de monos que con sus gritos y reclamos de comida terminaron con la armonía del lugar. Afortunadamente, como todo en la vida no es para siempre, después de un tiempo en que tuve que soportar a mis ancestros, según Darwin, apareció uno de los lamas tocando un gong como señal para que todos los monjes despertaran y se prepararan para la meditación matutina.

Con su cara redonda y una amplia sonrisa, el lama se dirigió hacia mí y comenzó a barrer el patio del monasterio entonando todo el tiempo un mantra que decía: *Om Mani Padme Hum.* Poco a poco fueron llegando los monjes, incluyendo a los pequeños niños de 8 a 12 años, con los que me acomodaron dentro del *ashram*. Estos niños se convirtieron en mis grandes maestros, porque cuando yo quería concentrarme y meditar con los cantos de los lamas, los pequeños se turnaban para aventarme arroz en la cabeza. Al principio fue divertido, pero después de unos minutos, mi poca tolerancia estaba a punto de explotar. Pensé que tenía que hacer un gran esfuerzo de voluntad y permanecer tranquilo. Sí, definitivamente, todos tenemos que lidiar con los pequeños diablos que atormentan nuestro pensamiento y conducta y, claro, para mí un diablo o un infierno toda mi vida había sido mi poca tolerancia.

Más adelante supe que todo es parte de un proceso para alcanzar un estado de contemplación en el que, suceda lo que suceda, la mente permanezca tranquila sin que nada interrumpa la meditación. Con esta experiencia reafirmé el conocimiento de que el más grande maestro es tal vez el más grande enemigo. Así como esos pequeños juguetones se trasformaban en grandes maestros, de igual manera, en nuestro vivir cotidiano, aquellos que nos sacan de nuestro punto de confort, al final de cuentas son los que nos brindan las más valiosas enseñanzas, mucho más que aquellos seres cercanos con los cuales convivimos día a día y que nos hacen sentir cómodos y seguros.

Al salir del *ashram,* el lama encargado del monasterio

se dirigió hacia mí y me preguntó cómo había dormido. Aunque mis ojeras hablaban por sí solas, de cualquier forma le respondí:

—No pude dormir. Cada vez que empezaba a quedarme dormido, aparecían figuras geométricas de colores. ¿Qué pudo haber sido? —pregunté al lama.

Su respuesta fue una sonora carcajada.

—¿Qué sucede, lama? —inquirí.

—No me extraña nada que eso te haya sucedido, ¡dormiste en la cama de Rimpoché!

Qué bueno que me encontraba ante un lama, porque si hubiera sido cualquier otro ser humano, inmediatamente me hubiera preguntado por qué tenía esa cara de retrasado mental. Sin duda fue la cara que he de haber puesto ante tal respuesta. Había dormido en la cama del Rimpoché, lo cual es el equivalente a dormir en la cama de un cardenal en El Vaticano.

Aprendí más en una noche que en muchos años. A partir de entonces, todas mis noches y mis sueños se tornaron lúcidos. Era como penetrar en otra realidad. Permanecer conciente mientras sueñas es maravilloso, porque puedes guiar o cambiar el desarrollo y contenido del sueño. Y si no quieres modificar los sueños, por lo menos no los sufres como pesadilla, porque sabes concientemente que sólo es una ilusión.

Pero, ¿de qué sirve esto en la vida diaria? Creo que lo importante es que poco a poco te vas dando cuenta que esta realidad también es un sueño —una ilusión— y tienes la posibilidad de cambiarla y no sufrirla.

Entonces, llegó a mi mente un pensamiento: Crear de la realidad un sueño, y de un sueño la realidad. Creo que si alguna vez en la vida se pudiera lograr, en ese momento encontraríamos al SER. Sí, a ese ser, con mayúsculas, que es el único motivo por el cual fuimos creados, sin lugar a dudas.

Cuán fatuo y carente de lógica resulta pensar que sólo estamos en este mundo como un animal de supervivencia más, y que nuestro único motivo de vida es sobrevivir. Comprender que nuestro propósito va más allá de la supervivencia física, tal vez sea el gran paradigma de la humanidad.

2

EL REGALO DE LA SINCRONICIDAD

O tro día más. Me conecto a Internet y aparece otro correo del misterioso personaje.

Hola: ha disminuido tu ira e intolerancia, tu ego se ha estabilizado un poco. ¿Crees que podemos conversar o vas a seguir negando la posibilidad que has buscado durante toda tu vida?

De inmediato respondí:

¿Por qué hablas a través de mi ego si eres tú, precisamente, quien lo emplea utilizando un medio como éste para comunicarse? Si de verdad fueras un Maestro de Luz, ya hubieras aparecido en mis sueños o permitirías que mi mente se comunicara con la tuya y transmitirías a través de canalización aquello que quieres mostrar.

Más tarde llegó su respuesta:

Ayer, cuando leías el libro intitulado de Sincrodestino, *te llamó la atención la posibilidad de que sucedan
situaciones especiales en un momento determinado; no
por azares del destino, sino porque tienen que pasar. Solamente quiero recordarte que la comunicación estaba lista
y, aun así, no le diste la credibilidad y seguiste dudando.*

*¿Recuerdas ese viaje a India que hiciste hace algu-
nos años, después de haber impartido por mucho tiempo
cursos sobre meditación y el despertar de conciencia? Un
día —y perdón que te lo diga—, tu valioso ego se enojó
cuando veías que la mayoría de las personas que tomaban
el taller cambiaban su vida sólo temporalmente, y luego
volvía a quedar atrapada en la matriz de miedo y sufrimiento. Ante esta frustración de tu ego, decidiste no dar
más talleres, tomaste una mochila y desapareciste durante
un tiempo de tu vida cotidiana.*

Cuando leí esto, sentí que algo no estaba resonando en
forma lógica. Probablemente él sabía de esta experiencia
porque la platiqué más de una vez con algún amigo; sin
embargo, ¿cómo podía saber qué libro y sobre qué tema
había leído la noche anterior?

Mi mente se trasladó de inmediato a ese pequeño poblado de India: Putaparti, en donde se encuentra el *ashram* de Sai Baba, un ser único, un avatar, un gurú. Es difícil describir a este asombroso personaje.

Recuerdo que no resultó sencillo llegar a Putaparti. Primero fue necesario volar a Bombay, y luego recorrer una carretera mal asfaltada con tramos de terracería, durante cuatro horas. Definitivamente, no fue una experiencia placentera.

Cuando arribé al *ashram,* llamaron mi atención unas enormes edificaciones que se encontraban en las afueras. Después me enteré que albergaban un hospital creado por Sai Baba para dar atención médica de tercer nivel a la gente sin recursos, y también supe que en ese hospital se llevaban a cabo cirugías de corazón abierto realizadas por los mejores cirujanos de Occidente, sin cobrar un solo centavo.

Me registré en la recepción del *ashram* y la señorita que me atendió me trasladó a una habitación común que iba a compartir con otras seis personas. Debo mencionar que lo único que yo había escuchado de Sai Baba, era a través de comentarios de algunos amigos, pero en realidad desconocía quién era.

Una vez en la habitación, comencé a platicar con un hombre maduro de aproximadamente cincuenta años de edad. Él era originario de la India, pero vivía en Londres desde hacía quince años. Dos veces al año venía al *ashram* de Sai Baba para escuchar sus mensajes. Para mí fue reconfortante conocerlo, ya que sería un excelente guía sobre lo que debía hacer dentro del *ashram*. El lugar podía albergar hasta veinte mil personas. ¡Qué gran ventaja, en un *ashram* tan grande, conocer a un experto del lugar!

Lo primero que mi nuevo amigo me recomendó fue comprar ropa blanca para asistir a escuchar al gran maestro al día siguiente. Cenamos y fuimos a dormir. Aproximadamente a la una de la mañana me despertó y me dijo en voz baja que lo siguiera. Salimos de la habitación y me comentó lo siguiente:

—Si de verdad quieres conocer de cerca a Sai Baba, es necesario que hagamos fila desde este momento, porque mañana seremos cerca de veinte mil personas queriendo escucharlo.

Nos trasladamos cerca del gran salón. Era una calle en donde ya había muchísima gente sentada en el piso. Nos sentamos con todos a esperar horas hasta que amaneciera, ya que el mensaje iniciaba aproximadamente a las siete de la mañana. Como a las cinco, mi amigo me pidió que si podía guardarle su lugar porque necesitaba ir al baño.

¿Cómo apartar un lugar entre cientos de personas? Vi una piedra, como laja plana, que estaba en el jardín y pensé que con eso podría apartar el pequeño espacio que cada quien ocupaba. Mi gran sorpresa fue que al levantar la piedra encontré debajo de ella un pequeño chícharo de oro. Recordé algo de lo que me habían comentado sobre este gran maestro, y de cómo él podía materializar anillos, collares de oro y otros objetos similares. Algo que tal vez antes resultara mágico, y que hoy podríamos explicar desde la física cuántica, la cual dice que la materia no es más que una serie de vibraciones, y que antes de que existiera algo material tuvo que ser engendrado por un pensamiento y, claro, todos sabemos que un pensamiento no es algo que se pueda tocar o ver.

Nadie duda de la existencia de un pensamiento, pero todos dudamos de que nuestro pensamiento pueda ser creativo y transformar aquello que pensamos en algo material. De nuevo la duda de nuestro potencial. Al final de cuentas, es la única responsable de no poder crear más allá de lo que todos creemos, si con sólo negar la idea de que porque todos lo creen es lo que existe, podríamos penetrar en algo tan maravilloso como lo que Sai Baba puede lograr.

Una gran diferencia de este maestro, como otros grandes maestros, es que tal vez él sí creyó en su potencial y no en el que el resto de los humanos hemos creído o nos han hecho creer.

Pensé: "Muchas gracias por el regalo, Sai Baba", y lo coloqué en el bolsillo de mi curda, que es la vestimenta que usan la mayoría de los hombres en India, consistente en una camisa larga que llega a las rodillas. Por fin, después de esperar tantas horas, entramos al gran salón y el esfuerzo obtuvo sus frutos, ya que nos colocaron frente al estrado. Así podríamos ver a Sai Baba a escasos siete metros de distancia.

Ver a Sai Baba es una experiencia única. La energía y el magnetismo que trasmite son increíbles. Su cabeza coronada por un pelo tipo afro, su cara sonriente, pero al mismo tiempo con unos ojos penetrantes que parecen leer tu mente en cuanto te mira. Eso percibí cuando pasó frente a nosotros. Desde el ego sentí que me miraba especialmente a mí; si esto fue o no fue cierto, lo único real es que tiene una mirada impresionante.

Acto seguido se sentó en un bello sillón, y parado junto a él estaba su traductor al inglés. Me acomodé lo mejor que pude sentado en el piso para escuchar su discurso, cerré los ojos y espere el mensaje. Los minutos empezaron a correr y no se escuchaba absolutamente nada.

Le pregunté a mi amigo de la India cuánto tiempo pasaría para que Sai Baba empezara a hablar, ya que habían transcurrido treinta minutos desde que él se había sentado en el estrado. Mi amigo, con cara compungida, me comentó que en los quince años que él tenía asistiendo a Putataparti, era la primera vez que esto sucedía.

Seguía pasando el tiempo, y nada. Sai Baba continuaba sin hablar. La gente empezó a aclamarlo para ver si así iniciaba su mensaje. Observamos que Sai Baba le decía algo a su traductor, y como estábamos tan cerca de ellos, pude ver la palidez del rostro del traductor cuando escuchó lo que Sai Baba le había dicho.

Con voz temblorosa, el traductor se dirigió a los congregados diciendo: "Sai Baba me acaba de decir que a partir de hoy no volverá a dar ningún mensaje".

Voltee a ver a mi amigo y sólo percibí la misma palidez y cara de asombro del traductor. Me dijo: "No sé qué pasa, esto nunca había sucedido. Probablemente Sai Baba esté enfermo, no sé qué sucede".

De inmediato, todos los asistentes reiniciaron las aclamaciones, desesperados. Gritaban: "¡Sai Baba, Sai Baba!". Después de diez minutos de esa gritería, Sai Baba se levantó de su sillón, tomó el micrófono y comenzó a hablar en hindi.

Para mi gran fortuna estaba a mi lado mi amigo y guía, ya que él, de inmediato, me iba traduciendo al inglés. Y este fue el mensaje de Sai Baba, con un tono de voz que no era lo dulce que me habían comentado, sino por el contrario, era una voz fuerte y llena de energía y reclamo.

Estoy harto de que mientras están en el ashram, *to-*

*dos ustedes viven en conciencia, sin miedo y ayudando al
prójimo. Salen de él, y a veces durante una o dos semanas
continúan en ese estado, pero después todo es igual. Siguen
perpetuados en la realidad del miedo, del sufrimiento, in-
sensibles ante el dolor humano. Entonces, ¿de qué sirve
que yo dé mensajes si al final ustedes nunca cambian y
todo sigue igual?*

¿Dónde había escuchado eso? Mi mente empezó a dar
vueltas de inmediato, sólo pude decir: "Gracias Sai Baba.
Si a ti, un ser único, un avatar en vida, te sucede esto; yo,
pequeño humano, ¿cómo puedo darle importancia a lo
que me trajo a este viaje? ¡Qué gran regalo me has dado,
es mucho mayor que el chícharo de oro!" Y grande fue mi
sorpresa cuando busqué el chícharo dentro del bolsillo de
mi curda y ya no lo encontré. Pensé que probablemente la
bolsa tendría un agujero, pero no había tal, y el chícharo
había desaparecido.

Ese era, entonces, el gran regalo: su ejemplo. Por eso
había desaparecido el oro. Si en ocasiones, una palabra o
un consejo son más valiosos que todo el dinero del mundo, porque esa palabra o ese consejo no lo pierdes, no te lo
roban ni disminuye su valor, al contrario, siempre estará
contigo y te salvará de cualquier percance más allá de esta
tercera dimensión.

Sai Baba se retiró. Todo mundo permaneció en silencio incluyendo, por supuesto, a mi amigo, que no podía quitar su cara de asombro. No comenté nada con él, sólo le dije que nos veríamos más tarde. Lo que yo deseaba era salir en ese momento del *ashram* y recorrer el pueblo de Putaparti para buscar una librería y comprar un libro que contuviera las sabias palabras de este maestro.

No fue difícil encontrar la librería, lo difícil fue encontrar un libro de Sai Baba en español. Había muchos en inglés, pero yo quería leer su mensaje en mi lengua materna para comprender perfectamente cada palabra. Por fin, después de mucho buscar, encontré un libro delgado con los mensajes de Sai Baba titulado *El ego y el ser.*

Lo abrí de inmediato, ya que el título era muy sincrónico con todo lo que me había sucedido. No empecé por la primera página, lo abrí por la mitad, y lo que ahí decía me impresionó profundamente. Sentí que se nublaba mi vista y tuve que apoyarme en la estantería para no caer desmayado… Sí, sincrónicamente había abierto el libro en una pregunta que se le planteaba a Sai Baba y que decía textualmente lo siguiente:

Pregunta: *¿Cuál es el objetivo de la vida humana?*
Respuesta: *El objetivo es ir a tu interior y realizar tu propio Ser. Los animales no pueden ir dentro de sí mismos,*

sólo al hombre Dios le concedió una mente y un agudo in-
telecto. Considérate muy afortunado de haber nacido con
esta forma humana; con ella puedes alcanzar y realizar
tu verdadero Ser. De modo que, en vez de hacer todas esas
preguntas, busca al buscador, ve al que ve, duda del que
duda, y entonces estas preguntas y dudas no surgirán ni se
mantendrán en la primera persona; tus dudas y preguntas
desaparecerán. Sin embargo, esta práctica tiene que ser
realizada por cada uno, otro no la puede hacer por ti; Luis
no la puede hacer por mí, la tengo que hacer yo mismo:
¿Acaso esperas que él la haga por ti?

¡Imagina mi sorpresa! Mi nombre en el libro con la
pregunta más importante que me había planteado desde
los cuatro años de edad. Aún más impactante fue comprobar, después de leer el libro por completo, que en todo su
contenido no vuelve a emplearse un nombre propio. Sólo
en esa página que había abierto al azar había un nombre
propio y, sincrónicamente, era el mío.

El Maestro de Luz que se comunicaba conmigo a través
del correo electrónico tenía razón. ¿Cómo negar ese tipo de
experiencias y continuar refugiados en el ego o en el miedo de aceptar que lo que sucede en nuestras vidas no es
un juego de azar? Todo lo que nos sucede es parte del plan
divino de la conciencia. El ego nos impide penetrar en esa

otra dimensión en donde todo está entrelazado y al final de cuentas nada es coincidental, todo está relacionado a la causa/efecto. Muchas veces lo que parece una experiencia frustrante, a la larga resulta ser algo que nos acerca cada vez más al gran crecimiento interior.

3

La muerte

Pasaron dos días y no llegaba otro mensaje de este misterioso personaje. De inmediato la duda se volvió a apoderar de mi ego. Pensaba: "Seguramente sólo fue una broma de alguien aburrido que no tenía nada que hacer; igual que cuando de pequeños tocábamos timbres y echábamos a correr." Pero al tercer día, apareció otro mensaje, aunque esta vez lo que leí tenía más coherencia:

Sé que necesitas tomarte un tiempo para digerir todo esto. Seguiré en comunicación contigo, pero necesito que cada vez que dudes, te remontes a alguna experiencia de tu vida y analices si fue coincidental o si de verdad sucedió en sincronía por alguna razón importante para tu crecimiento. Sólo así estarás preparado para lo que voy a mostrarte en un futuro. Te dejo esta pregunta: ¿Le temes a la muerte?

De nuevo daba en el clavo en uno de los grandes cuestionamientos que desde pequeño tenía: el por qué de la muerte y qué había después de ella.

Está muy presente en mi memoria un acontecimiento que ocurrió en el kínder. Tenía cinco años. Había muchos niños. De pronto, recibí un fuerte golpe en la cabeza.

Es difícil de superar este tipo de accidentes cuando a esa edad tu cabeza significa una tercera parte de tu corporalidad y está siempre en crecimiento. ¡Qué diferentes del resto de los animales de este planeta! Cuando nacen, mientras menos evolucionados son, más rápido pueden hacerle frente a esta tercera dimensión. ¿Será entonces que nosotros los humanos estamos diseñados para algo más que esta tercera dimensión? Si a cualquier niño de primaria se le planteara esta pregunta, no dudaría en contestar que por lógica tardamos más en adaptarnos a este mundo que aparentemente es todo, y que existe algo más para lo cual fuimos creados. De otra manera, naceríamos igual que el resto de los animales, dispuestos de inmediato a sobrevivir. Sí, sobrevivir. La pregunta que el niño de primaria tendría ahora entre sus manos sería: ¿Vivimos realmente para algo más que sobrevivir como el resto de las especies?

La preocupación emocional y racional de mis padres de inmediato los llevó a corroborar si ese golpe en la cabeza no había tenido consecuencias. Esa era una época en la que no existían tomografías ni resonancias, sólo radiografías simples de cráneo. Pero aún esa simple radiografía podía mostrar exactamente eso: un cráneo, una calavera —siempre y, desconozco la razón, relacionada con la muerte—. Como si la vida estuviera confinada a una serie de huesos.

En ocasiones, los adultos muestran a los niños lo que tal vez no estén preparados para ver, porque desde su perspectiva eso es lo que es, aunque dentro de la percepción de un ser que inicia el camino, no lo sea. Y sí, eso pasa a los 5 años cuando te muestren algo más que una fotografía que desde esta tercera dimensión confirma lo único que existe dentro de ti: la muerte.

Nunca entenderemos cuán desarrollada está la percepción de los pequeños. Creemos que por su poca edad hay poca conciencia. Sin embargo, los niños son como esponjas que absorben absolutamente todo, y si así fue —no por ser niño superdotado, sino por ser niño dotado de conciencia—, observas el símbolo de la muerte en ti, que desde la conciencia total no existe. Corroborar que dentro de ti, en tu cuerpo material, no está Dios, sino la muerte, es un momento difícil, porque de nuevo te encadena a este inconciente colectivo de ver, palpar y oler para creer. Si lo que veo es lo que creo, porque me lo han dicho o porque mi cerebro lo ha captado, esa es mi realidad.

Desde esta verborrea filosófica fue mi primer contacto con la muerte. Después, con los años, las pérdidas de seres queridos y ver el sufrimiento de los demás, aumentó mi interés por el tema. Al final de cuentas, si la muerte es lo menos importante, desde la condición humana no se puede discutir una verdad más grande, y desde esta dimensión no existe mayor verdad que la muerte.

Porque, definitivamente, lo único que le da razón de ser a nuestra vida, por radical que parezca, es la muerte. Porque dentro de lo que conocemos o nos han hecho conocer es que sólo esto es real, y como lo único real es la vida que aparentemente percibimos en su totalidad, siempre para un principio existe un final, que en este caso absurdo del pensamiento humano sería la muerte.

Años después, otra experiencia vendría a mostrar la falacia de esta verdad aparente. Esto sucedió antes de involucrarme en la literatura *New Age* (hago la aclaración mucho antes, para no predisponer al lector).

Tuve una experiencia interesante que el último mensaje de correo electrónico del Maestro de Luz me hizo recordar. Tenía aproximadamente diecinueve años y estudiaba medicina, cuando afuera de un hospital (¡qué coincidental, justo afuera de un hospital de neurología!), uno de mis mejores amigos, como buen espécimen humano, comenzó a jugar conmigo como juegan dos alces cuando sus cuernos empiezan a despuntar. Juegos rudos, a ver quién puede más, quién tiene más fuerza... Cualquier hombre entiende que así jugamos los de este género en involución.

Su juego consistía en ver cuánto aguantaba apretándome el cuello con su brazo. Sí, resulta ilógico, pero a los estudiantes de medicina les gusta experimentar algunas situaciones en carne propia.

Después de algunos segundos de compresión en el cuello, mi cuerpo reaccionó como era natural: reflejo vagal, pérdida de la conciencia por la presión sobre el cuello, carótidas, yugulares, etc. Esto produce un desmayo por la relajación de los músculos y el resto de esta máquina empieza a funcionar mal. Al percibir mi estado, mi amigo me soltó, pero, evidentemente, al no existir respuesta muscular, mi largo cuerpo (1.86 metros) cayó al suelo plácido, totalmente lánguido.

De inmediato, llegaron los médicos a contemplar la escena y lo que encontraron fue un tipo de diecinueve años en paro cardiorrespiratorio. Iniciaron las medidas clásicas para tratar de que volviera a esta vida. Lo lograron, porque después de treinta y cinco años como médico, he aprendido que si cuesta trabajo nacer, más trabajo cuesta morir. No es tan fácil como algunos lo creen y, si no, confírmalo en aquellos suicidas que no logran su objetivo.

¿Qué pasa por tu conciencia en esos momentos? Yo sólo puede hablar desde mi experiencia. Es como si estando en el cine, de pronto apagaran todas las luces y una oscuridad total se cerniera sobre todo. Después, es como si encendieran las luces de la pantalla y observaras una luz blanca que te lleva hacia ella. Sólo pude llegar hasta ahí, porque cuando iba rumbo a la luz blanca, percibí una muy fuerte presión sobre mi tórax. Era un colega dándome masaje cardiaco. Así pasó y así me recuperé rápidamente. En uno o dos días mi vida volvió a ser aparentemente normal.

Cuando digo aparentemente normal, no sé si me estoy dejando llevar por todo aquello que escribe el Maestro de Luz, pero ya que lo comenta, tal vez algo sucedió en mi estructura cerebral.

¿Por qué la pregunta sobre la muerte? Me siento como en un examen en donde comienzan a cuestionarte el por qué de todo; sin embargo, creo que esos primeros correos electrónicos lograron que recordara momentos de mi existencia que probablemente estaban muy fuera de mi presente actual y que, definitivamente, algo tenían que ver con todo este rompecabezas que se replanteaba.

Existen muchos momentos de nuestra vida a los que la mayoría de las veces no les damos importancia, porque tenemos la tendencia a creer que todas aquellas situaciones misteriosas que suceden o sucedieron en nuestra vida diaria son casualidad y carecen de sentido.

Sólo por recordar a uno de los grandes genios de la humanidad, el cual era y es considerado como una mente fuera de lo común, cito a Albert Einstein, quien simplificó todo esto en una sola frase, y consideremos que estamos hablando de una mente analítica y súper desarrollada con un coeficiente intelectual muy por arriba de lo normal:

La experiencia más bella es la de lo misterioso, porque esta emoción encierra la verdad de todo lo creado.

Sí, la mayoría de las personas pasamos por alto todas aquellas situaciones misteriosas de nuestra existencia, cuando probablemente son la clave para descifrar el código divino por el cual fuimos creados.

Sería bueno que el lector se replanteara si no ha vivido experiencias de este tipo; sin duda, si buscamos dentro de nuestra existencia, encontraremos más de una; lo que sucede es que nunca les hemos puesto atención o tal vez las consideramos bastante mágicas para que puedan ser reales.

Creo que si de hoy en adelante les prestáramos más atención, sin necesidad de caer en cuestiones de magia o esoterismo, nuestra existencia sería más interesante, divertida y, sobre todo, con mayor sentido.

Y, tal vez, si revisamos nuestras experiencias; no sólo las placenteras, sino aquellas que nos han producido un gran dolor, tendríamos dos opciones: sufrirlas como siempre hemos hecho o considerarlas como una clave o llave del camino que en ese instante, en ese sueño, nos tocó recorrer, y que tal vez a nosotros, sólo a nosotros, en lo individual, fueron las experiencias necesarias, por dolorosas que parezcan, para poder lograr nuestra meta final de esta existencia humana.

Creo que si se aceptaran muchos momentos de dolor y sufrimiento los entenderíamos como parte de la enseñanza que nos tocó en esta escuela primaria para acceder a la universidad de la gran conciencia.

4
MÚSICA EN LA JUNGLA

Pasé varios días meditativo, y de nuevo un correo. Ahora sí, ya los esperaba con curiosidad, como cuando un amigo te manda mensajes simpáticos que te hacen reír. Aunque esto no me hacía reír, me hacía reflexionar, y me atraía a ese mundo aparentemente mágico que siempre había buscado.

Hola. Ya te respondiste a mi pregunta, ahora cuestiónate si de verdad la experiencia de muerte te marcó para perder el miedo a esa palabra.

Eso fue muy poco explícito, pero lo suficientemente claro para remontarme a otra experiencia.

De nuevo me veo en Nepal, Katmandú, saliendo del monasterio y en busca de mi rumbo.

—Lama, ¿adónde más puedo ir ahora? —pregunté—.
Quisiera seguir aprendiendo.

—Bueno —me dijo el noble hombre—, busca al otro
lado de Nepal un monasterio en las montañas. Te daremos
un salvoconducto para que te acepten.

—¡Magnífico! —exclamé. Otra experiencia más.

El viaje no era tan sencillo. Tenía que recorrer cuatro-
cientos kilómetros. Así que de inmediato me di a la tarea
de contratar un transporte para llegar hasta ese lugar. Con-
seguí un taxi, por así decirlo, porque más bien era un jeep
con un conductor.

Fue maravilloso recorrer kilómetros y kilómetros en una
angosta carretera al borde de un precipicio con un río cris-
talino al fondo. Todo era verde, la exuberancia de la naturaleza al máximo, se sentía al viento acariciar la piel, mientras los cien o ciento veinte kilómetros por hora, que era
la velocidad a la que avanzaba el jeep. ¡Es fascinante viajar
en estas circunstancias!

Después de dos horas de camino, de pronto tuvimos
que parar. A cien metros de distancia frente a nosotros, el
camino se interrumpía porque un camión de carga estaba
envuelto en llamas y bloqueaba por completo el paso en
ambos sentidos. La única opción era esperar a que las llamas se consumieran por completo, ya que un camión de
bomberos o algo similar, en aquellos lugares era imposible

de conseguir. Habían transcurrido como quince minutos, cuando inesperadamente, el chofer me miró, y muy serio me preguntó:

—¿De verdad crees que exista la muerte?

Mi respuesta no se hizo esperar ni un solo segundo. Si se trataba de filosofar en esos momentos, quién más que un servidor, después de tantos años en la búsqueda.

—¡Claro que no creo ni temo a la muerte! Sólo somos seres espirituales viviendo una experiencia humana, de por sí corta —le dije.

Su respuesta me dejó helado:

—En nuestra tradición no existe la muerte, sólo es un círculo de renacimientos. Así que si tú, al igual yo, no tememos a la muerte, entonces vamos a enfrentarla, porque no dispongo del tiempo para esperar a que el vehículo en llamas se acabe de consumir.

Acto seguido, embragó su jeep en primera, salió del carril, y a toda velocidad se dirigió hacia el fuego y los restos del camión. No sé si cerré los ojos, no sé si recé… Sólo sé que los segundos que tardamos en atravesar el fuego, fueron los más largos de mi existencia: pude percibir el calor y el olor a pelo chamuscado. Cuando por fin logramos pasar el fuego, un grupo de gente vitoreaba nuestra osadía. Saludamos a todos y continuamos con nuestro camino.

La muerte está presente desde que nacemos, pero cuando la vemos cara a cara es muy diferente. Ponerle rostro a la razón de la existencia es tan difícil como ponerle razón al por qué a la existencia.

Continuamos nuestro trayecto por aquellas veredas. Cada vez bajábamos más las cumbres del Himalaya, las cuales se iban perdiendo en la lejanía. El frío de Katmandú cambiaba por el calor húmedo de la selva. Después de dos horas de camino, el conductor —que ya consideraba un amigo— se detuvo junto a un río caudaloso y con gran amabilidad se dirigió a mí, diciéndome:

—¿Podrías bajarte aquí?

—Sí, por supuesto. ¿Qué necesitas que haga? —inquirí.

—Sólo quiero que te bajes… y adiós. He perdido mucho tiempo y tengo que regresar a Katmandú antes de que oscurezca. Tú sigue tu camino.

—¿Cómo voy a seguir mi camino por la selva, solo y a estas horas? —le pregunté realmente consternado.

No obtuve respuesta. Sólo lo vi partir en su jeep. El pago por el servicio lo había hecho por anticipado, así que no tenía forma de obligarlo a que me llevara hasta mi destino final… Qué razón tenía la abuela cuando decía: "Músico pagado, toca mal son".

Y así fue mi son. Me encontraba perdido en la selva de Nepal, junto a un río, a pocas horas del atardecer. Me

senté a contemplar la corriente de agua como niño regaña-
do, esperando que mamá regresara y me consolara por mi
capricho. Pero después de media hora no apareció mamá,
apareció una pequeña embarcación ofreciendo sus servicios.
En su mediocre inglés, un hombre me preguntó si necesitaba que me llevara a algún lado.

—No sé en dónde estoy. ¿Conoce un lugar donde pueda pasar esta noche?

—¡Claro! —contestó. Río abajo hay un campamento
de cazadores. Puedo llevarlo hasta ahí.

—¡Gracias! —exclamé.

Emprendimos el viaje. Se podía apreciar una vegetación
exuberante, ruidos exóticos de la selva y un sinfín de mosqui-
tos. Llegué al campamento después de un corto recorrido.

Los cazadores me recibieron de una manera muy ama-
ble, y por sólo diez dólares me rentaron una tienda de
campaña para dormir. ¡Qué día más especial! Tan cerca
de la muerte, y ahora sintiendo la vida en todo su esplen-
dor, al contacto directo con la naturaleza. Quedaba poco
tiempo con luz, así que decidí caminar algunos minutos
para relajarme. Al recorrer una vereda, como por arte de
magia encontré un pequeño letrero. Era una flecha de madera que indicaba el camino hacia el *ashram* de Osho.

Cuando lo leí, pensé que estaba alucinando. ¿Cómo era
posible que así, de pronto, en esos confines del mundo

encontrara el *ashram* de uno de mis grandes maestros? El famoso Osho, de quien había aprendido una de mis más grandes enseñanzas: Zorba el Buda. Ése es el único camino a la iluminación. Si tan sólo el ser humano pudiera conjugar los placeres o percepciones de la tercera dimensión con los de la espiritualidad del Buda, fácilmente encontraría el camino verdadero hacia la conciencia total.

Osho explica que no podemos desligarnos de nuestra corporalidad y que eso conlleva muchas consecuencias. Existimos en el universo y lo percibimos a través de los sentidos corporales conectados con una mente, también corporal; sin embargo, pensamos que la única forma de alcanzar un estado superior de conciencia es negando los sentidos, cuando, precisamente, para eso fueron creados, para que funcionen como el impulso hacia la espiritualidad, porque aquello a lo que más nos resistimos es siempre lo que más persistirá, contrariamente a lo que sucede si disfrutamos de nuestra corporalidad sin culpas pero en conciencia, y así nunca caeremos en los excesos. De esta forma, no habrá una barrera contra la cual luchar, o mejor dicho, tal barrera no existirá, y si no existe, el camino estará abierto. Recordemos que a lo que se resiste, persiste.

Tal vez por comodidad, esta filosofía siempre me había encantado. Quizá no quería desapegarme de los placeres mundanos de Zorba, pero sea como sea, encuadraba perfectamente en mi pensamiento. Cómo negar la sexualidad tántrica, el placer de una copa de vino, bailar al ritmo de una bella música o el deleite de un exquisito platillo, sin que ello signifique alejarse del camino espiritual.

En fin, lo mío era eso. Así que no dudé en continuar el camino que me llevaría al *ashram* de tan admirado maestro. A pesar de que años atrás Osho había dejado este plano dimensional, su energía y sus conocimientos seguían impregnando nuestro inconsciente colectivo.

No sé si caminé quinientos siete kilómetros, sólo sé que de repente, a la vera del camino, encontré una propiedad cercada con un gran portón y un pequeño letrero que decía: "*Ashram* de Osho". Toqué a la puerta, y a los pocos minutos apareció un joven, de mirada afable y vestido de blanco, que me dio la bienvenida.

—Hola, ¿quién eres tú y qué haces aquí? —me preguntó.

—Hola, soy Luis, y sólo puedo decirte que soy un buscador de la conciencia —le dije.

—Bienvenido seas —fue su respuesta. Dentro de media hora inicia la meditación de todos los días, ¿te gustaría compartirla con nosotros?

—¡Por supuesto! Pero no sé si mi vestimenta sea la apropiada para ese tipo de evento —le comenté.

—No te preocupes, si traes un dólar contigo, te obsequiaremos una curda blanca para que estés más cómodo en la meditación.

Entré al inmueble. Estaba rodeado de pequeñas cabañas, y al fondo se vislumbraba una mucho más grande que las demás. Me cambié de ropa y me dirigí a la cabaña más grande. En su interior no había ninguna decoración, sólo una gran foto del maestro Osho. Alrededor de veinte personas se encontraban dentro del recinto, en posición de meditación.

Me senté en la misma posición que las personas que ahí se encontraban y esperé a que iniciara la meditación. Ante mi sorpresa, en lugar de escuchar un mantra o música sagrada, de los altavoces prorrumpió una estupenda música tipo disco. Con los ojos cerrados no podía percibir lo que sucedía a mi alrededor, sin embargo, la energía que empezaba a generarse dentro del recinto sí era perceptible. Grande fue mi sorpresa cuando abrí los ojos y observé a todos bailando con gran ritmo. "¡Muy bien, Osho!", pensé, y así como todos lo hacían, inicié la maravillosa danza de la meditación.

Después de aproximadamente 40 minutos de música y baile, todos retomaron su posición de loto, y un bello mantra nos acompañó durante media hora más. Fue una experiencia única.

Me dirigí a mi anfitrión para despedirme y darle las gracias, porque ya era tarde y tenía que regresar al campamento de cazadores, en donde me esperaban. Él se mostró muy preocupado de que tuviera que irme a esa hora de la noche y me preguntó cómo le iba a hacer para regresar, ya que, aun conociendo el camino, éste era muy peligroso. En esa época del año los pastos crecen muy altos a la vera del camino, lo cual facilita el ataque de un tigre o de un rinoceronte. Le comenté que me sentía extasiado por la meditación, y que quería caminar; le pedí que no se preocupara por mí.

A pesar del desacuerdo de mi anfitrión, salí del lugar y me encontré con una noche totalmente oscura. Había Luna nueva, por lo que ningún rayo de luz iluminaba el camino. No podía distinguir más allá de mis narices. Me pregunté si no habría hecho mal en negar la invitación a quedarme en el *ashram*. Estaba a punto de volver, cuando de pronto fui sorprendido por un maravilloso espectáculo: millones de luciérnagas convertían la vereda en un sendero de luz verde fosforescente. Guiado por ellas, continué el camino.

Empecé a caminar totalmente embelesado. El cielo repleto de estrellas estaba majestuoso. Ante mi fascinación, lo último que pasaba por mi mente era que un tigre o un rinoceronte pudiera atacarme; solamente disfrutaba la vereda fosforescente y el cielo estrellado.

Al contemplar el infinito cielo estrellado, al que, para mi fortuna, ninguna luz de la ciudad hacía desmerecer su encanto, me cuestionaba desde lo más profundo de mi ser, la razón por la que los humanos temen a la muerte. Es imposible que quien haya creado este espacio infinito que contiene miles de millones de galaxias y muchas más estrellas y planetas, tuviera en mente que existiera un planeta como la Tierra, en donde apareciera la vida y, sobre todo, la vida conciente, y después, la muerte total. No, nadie, ni los grandes escépticos o científicos, habían podido darme una respuesta que me complaciera.

Por supuesto que existe un Creador, una mente maravillosa que concibió este universo, y si esa mente nos dio la conciencia para poder cuestionarnos su misma existencia, cómo, entonces, podemos ser tan pequeños en nuestro pensamiento y considerar que la muerte es el final del todo. No es lógico, no es posible que todo acabe. Tal vez lo único que se puede concebir que desaparezca es la materia corporal, como la conocemos, pero no la conciencia ni nuestra esencia de cuestionarnos la existencia de Dios.

Además, se ha descubierto que una parte de nuestro cerebro tiene como función generar experiencias místicas, y que no tiene ninguna función de supervivencia. Esta parte, llamada "Circuito de Dios", aparentemente sólo sirve para tener ese tipo de experiencias espirituales, y no tendría razón de ser de no existir Dios.

Sentir la presencia de Dios me hizo experimentar una

inmensa paz interior, y continué mi camino en un estado de contemplación y éxtasis.

Después de una hora, caí en la cuenta de que no tenía ni la más remota idea de la dirección en que se encontraba el campamento de los cazadores. No sabía qué hacer, no tenía idea de a dónde me dirigía; comencé a percibir un ruido en la lejanía. Era como tambores que expandían el sonido de un ritmo autóctono. Guiado por este sonido, fui acercándome al lugar hasta que llegué a una pequeña aldea en donde un grupo de nativos practicaban una ceremonia: danzaban al ritmo frenético de sus tambores. Era increíble contemplar sus danzas, y pensé: "Bueno, esto es similar a la meditación de Osho". Así que me integré al grupo y comencé a danzar.

Ya era de madrugada cuando aparecieron los cazadores, quienes llevaban horas buscándome. Creo que me sentí como cuando era adolescente y me escapaba sin avisar a mis padres.

—¿Cómo es posible que hayas salido del campamento sin avisarnos? ¿No sabes que esta selva está llena de peligros? ¡Llevamos horas buscándote! —me reclamaban.

—Perdón —fue lo único que pude responder, y agradecí que se hubieran preocupado por mí.

Mi castigo fue despertarme a las siete de la mañana. Muy amablemente me invitaron a acompañarlos de cacería.

Montamos en varios elefantes y comenzamos nuestra aventura por la selva. Después de algunas horas, divisamos un tigre a lo lejos y fue increíble contemplar la magnificencia de ese bello animal en su hábitat natural.

Este planeta está lleno de tanta belleza, de especímenes tan hermosos y diferentes, que continuamente me conducen a la misma pregunta: ¿Será todo esto hecho al azar o existieron inteligencias superiores que crearon con cambios genéticos tan maravillosas especies?

Decidí que era el momento de caminar de regreso al campamento, ya que la cacería no correspondía con mi búsqueda espiritual.

Afortunadamente, uno de los guías nativos se ofreció a acompañarme de regreso. Fue esplendoroso caminar por esa jungla, entre los sonidos y el verde deslumbrante de la naturaleza. Iba ensimismado en mi contemplación, cuando de repente sentí que el guía me tomaba fuertemente el brazo y me llevaba detrás de un árbol.

—¿Qué sucede? —pregunté desconcertado.

Él me pidió que callara, y me señaló a escasos metros a un imponente rinoceronte que al parecer ya se había dado cuenta de nuestra presencia. Era como estar frente a un tanque de guerra, y la única arma que teníamos era una pequeña vara que portaba el guía. Por lo visto, en esas escasas 48 horas me enfrenté con la muerte de varias for-

mas jamás esperadas. El guía comenzó a golpear frené-
ticamente al árbol con la vara, hasta que el rinoceronte
salió corriendo hacia otro lado. Otra vez había salido bien
librado.

El bowl y mi entrecejo

Poco a poco iba comprendiendo lo que el Maestro de Luz me decía en sus correos electrónicos. Muchas veces no captamos las señales que la Gran Mente o la Gran Conciencia nos envía y seguimos dudando de su existencia. En ocasiones se nos presentan situaciones especiales con base en las cuales se debe analizar el por qué y el para qué estamos en este momento. Es necesario reconocer que cada persona tiene un propósito en la vida; y a fin de evolucionar y prepararnos para ese propósito específico, la vida nos presentará determinadas situaciones y circunstancias.

Recuerdo otra experiencia que viví en ese viaje de búsqueda, que definitivamente fue una manifestación de la sincronía.

Me encontraba caminando por el templo de un lugar sagrado de Katmandú, en donde se realiza la quema de cadáveres junto al río. El olor a carne quemada se conjugaba con el aroma del incienso. De nuevo esta paradoja: lo denso del cuerpo y sus olores, con lo más sublime de un incienso, que nos acerca a un estado espiritual. En pocos lugares del mundo se pueden encontrar tantos santones como en esos rumbos. Los santones son personas que han decidido renunciar a la vida mundana tal como la conocemos, para dedicarse única y exclusivamente a la meditación y a la contemplación; viven de las limosnas que la gente les da, normalmente van desnudos y no tienen pertenencias, por lo tanto, nada que cargar.

Creo que tomar ese camino puede resultar atractivo, sin embargo, vivir como lo hacemos la mayoría de los seres humanos también lo es. Poder soportar todo el bullicio y los problemas de nuestra vida diaria y al mismo tiempo mantenernos en un estado de contemplación y paz, requiere de más dedicación y esfuerzo que el que necesitan los santones y, como en lo personal me gustan los retos, creo que la posibilidad de ser santón escapa de mis perspectivas.

Era increíble contemplar a los santones: su estado meditativo y su cuerpo descubierto de ropa, renunciando a todo lo que ofrece la tercera dimensión.

Al continuar mi camino después de salir del templo y en medio de la nada, divisé una apertura entre unas rocas. Ahí pude ver a un hombre asombroso: muy alto (aproximadamente 1.90 metros), cubierto con un ropaje blanco y con una abundante cabellera que enroscaba sobre su cabeza como si se tratara de un gran turbante. Me acerqué a él, y hablando en inglés me dijo unas palabras que me sorprendieron:

—Bienvenido, hijo, te estaba esperando.

Me invitó a pasar. Dentro de esa pequeña cueva sólo había un altar. El nombre de este personaje era Milk Baba. Este extraño nombre se debía a que durante toda su vida, el único alimento que el hombre había ingerido era leche. A sus ochenta y cinco años de edad, su cuerpo delgado mostraba una gran fortaleza y sus ojos brillantes denotaban una inteligencia fuera de lo común. Se le consideraba un hombre santo y puro, ya que desde el punto de vista de la religión hindú, un ser humano que sólo se alimente de leche es completamente puro. Por eso es permitido que el cuerpo de los niños que mueren antes de haber probado un alimento diferente a la leche, sea depositado en las aguas del Ganges sin que tenga que ser cremado, ya que, al considerarse puro, no contamina el río sagrado.

Mi estancia con el santo no fue muy larga. Estuvimos meditando. Él hablaba poco, pero su simple presencia era suficiente para transmitir todo aquello que había aprendido en esos años de retiro. Antes de despedirnos pintó una figura en mi frente en medio de las cejas, me dijo que era mi iniciación y que en las próximas 24 horas no la borrara. Después de un fuerte abrazo abandoné la cueva.

Me cuestionaba la razón por la que no debía borrar la figura que el santo había marcado en mi frente. Yo tenía que tomar un vuelo ese mismo día a la India, y me sentía un poco incómodo cuando la gente me observaba. Resistí la tentación de borrarla y me dirigí al aeropuerto de Katmandú. Las medidas de seguridad, incluso en un aeropuerto tan pequeño, son muy estrictas, así que cuando pasé mi mochila a revisión, no entendí el motivo por el que me enviaban a revisión especial. No llevaba ningún instrumento peligroso, sólo mi ropa y un bowl de metal que había comprado en el mercado de Katmandú. Este objeto es, como su nombre lo dice, una especie de bowl de cocina donde preparamos la ensalada, pero está elaborado con una fusión de siete metales diferentes. Cuando se golpea uno de los cantos del bowl, el sonido que produce es increíble, y si además se roza su canto en forma giratoria con un pequeño cilindro de madera, el sonido que emite es el *Om*. Desde hace miles de años los monjes tibetanos emplean el sonido del bowl para sanación y para armonizar un espacio físico o a una persona.

El sonido del bowl es algo verdaderamente fuera de este mundo, y el que yo había conseguido tenía muchos, muchos años de antigüedad.

El oficial abrió mi mochila y empezó a sacar mi ropa, sin mirarme, cuando de pronto encontró el bowl. Su actitud cambió y en forma agresiva me preguntó el motivo por el que llevaba conmigo ese objeto. No supe qué contestar, y por lo que podía ver, me lo iban a decomisar. Me sentí preocupado de que me quitaran un objeto que para mí era muy importante, no por su valor económico, sino por el significado que tenía, ya que es un extraordinario instrumento que con su asombroso sonido armoniza el espíritu. Pensé que tal vez me habían detenido por mi aspecto, pues durante el tiempo que había estado viajando nunca me había rasurado la barba, y mi vestuario se asemejaba más a un pordiosero que a un turista, y muy probablemente parecía sospechoso de haber robado el bowl. En buen lío estaría yo metido en ese lugar recóndito del planeta, sin hablar el idioma y sin un recibo que comprobara mi compra.

Lo único que se me ocurrió decir fue que era mi instrumento de trabajo. Al decir esto, por fin el oficial volteó a ver mi cara, y su mirada se clavó en mi entrecejo. Sí, ahí donde tenía pintada la figura hecha por Milk Baba. Lo único que pudo decir fue:

—Perdón, Baba, siga usted adelante y disculpe.

¿Fue una coincidencia? ¿Sabía Milk Baba que eso pasaría? Él nunca había visto el contenido de mi mochila.

Sin embargo, gracias a su recomendación de conservar la figura en la frente, había salido airoso de esa experiencia. Nuevamente señales y más señales en la vida.

Tal vez lo que sucede es que, como estamos acostumbrados a la vida común y corriente, cuando se presentan estas situaciones mágicas, por llamarlas de alguna forma, no les damos su verdadero valor, y así seguimos por la vida sin reconocer lo asombroso que podría ser nuestra existencia si de verdad hiciéramos caso a este tipo de señales. Los humanos seguimos siendo, en el fondo, animales que sólo reconocen el hábitat y la supervivencia, cuando en realidad somos algo más; pero seguimos dormidos.

Siempre la misma pregunta: ¿existe algo más? Tenemos todas estas comprobaciones y, aun así, seguimos dudando. Nos aterra la muerte, nos atormenta que no exista nada más allá de esta dimensión de la razón.

Conjunciones e hipersincronía cerebral

Recuerdo una experiencia que me hizo borrar de mi mente cualquier duda sobre la existencia de conciencia después de la muerte.

Hace muchos años, en un congreso médico que se celebraba en Brasil, estaba recostado en la habitación de mi hotel, cuando, sin ningún motivo aparente, sentí una ráfaga de viento frío que acariciaba mi cara y mi cuerpo. Después percibí cómo un cuerpo se sentaba junto a mí, y observé cómo las sábanas y el colchón se hundían bajo ese peso o energía. Por supuesto que no estaba soñando, me encontraba perfectamente despierto, y lo más increíble fue que, sin observar ninguna figura humana específica, supe de inmediato de quién se trataba: era la bisabuela materna de mis hijos, una admirable mujer que sentía un gran amor por mí. Era extraño, porque ella se encontraba en excelentes condiciones de salud antes de que yo emprendiera ese viaje; sin embargo, en ese momento tuve la certeza de que ella había muerto y que había ido a despedirse de mí.

De inmediato llamé a México y pregunté:

—¿Cuándo murió Luz?

Creo que me precipité en la forma en que hice la pregunta, ya que del otro lado de la línea telefónica sólo pude escuchar silencio. ¿Cómo podía yo saber que ella había muerto, si llevaba varios días fuera de mi país, y no existía la posibilidad de que alguien de la familia me lo hubiera informado?

No fue mi imaginación. Y después de vivir este tipo de experiencias, ¿podría seguir dudando? Pruebas y más pruebas: ¿vida o conciencia después de la muerte?

He tenido otro tipo de experiencias; sin embargo, las que recordaba en este momento debían significar algo en relación al misterioso Maestro de Luz que se comunicaba conmigo, ya que sentía que él iba dirigiendo mis recuerdos hacia diferentes experiencias de mi vida. Cuando pensé que todo esto había terminado, recibí un nuevo un nuevo mensaje de este personaje:

Hola, ¿ha sido positivo el recapitular esas experiencias de tu vida para darte cuenta de que existe otra realidad o continúas con el pensamiento clásico de esta matriz en la que sólo existe lo que aparentemente vemos, y aquellas situaciones especiales o fuera de lo común son solamente coincidencias o fruto de nuestra imaginación? Uno de los cuestionamientos más importantes del ser humano es si estamos en este plano físico nada más para sobrevivir o si existe otro sentido de la vida. Espero que al recordar en conciencia cada una de estas experiencias ahora sí estés con una mente más abierta, o ¿necesitas recordar algo más para finalmente convencerte? ¿Aquella experiencia con seres de otra dimensión o de otra parte del universo la sigues razonando como imaginación o fue una realidad?

Por lo visto, este Maestro de Luz tenía acceso completo a cada momento de mi vida. Algunas experiencias las había comentado en charlas de café con amigos, pero a la que él se refería no era algo que hubiera comentado abiertamente, porque la mayoría de las personas podría pensar que me había vuelto completamente loco. La experiencia a la que el Maestro se refería era una de las vivencias que más me ha impactado y, sobre todo, he cuestionado las repercusiones que tuve después de ella.

Hace algunos años, tres amigos médicos y yo decidimos tomar un taller de medicina ayurvédica en la ciudad de Cuernavaca. Estábamos muy interesados en conocer las bases de la medicina actual, ya que la medicina ayurvédica fue la pionera y precursora de la medina alópata, e Hipócrates basó muchos de sus tratamientos en esos conocimientos médicos que tienen una antigüedad de seis mil años.

Recuerdo bien que era un viernes. Después de la bienvenida, el grupo de aproximadamente cuarenta asistentes nos reunimos a cenar en un restaurante del hotel en el que se impartía el taller. La noche era exquisita, el clima perfecto y el cielo estrellado estaba decorado por algunas escasas nubes. Mientras admiraba el cielo, llamó mi atención una luz naranja que apareció en el firmamento. No era una luz estática, sino que hacía movimientos laterales. Al principio pensamos que se trataba de un helicóptero, sin embargo, sus movimientos verticales y horizontales eran demasiado rápidos, y no era una luz pequeña para que se pudiera confundir con ese tipo de aparato. Por el contrario, a la lejanía se observaba que era de un tamaño considerable. Excitados, todos comentábamos sobre esta luz que permaneció en el firmamento durante aproximadamente veinte minutos. Según podíamos apreciar, considerábamos que se encontraba sobre la cordillera del Tepozteco, en donde se localiza Tepoztlán, el pequeño poblado situado a unos cuarenta minutos hacia el sur de la ciudad de México, famoso desde hace mucho tiempo porque se le considera un lugar mágico, de mucha energía, al que acude gente de todo el mundo para recargarse de energía y también conocido porque ese lugar ha sido escenario de muchos avistamientos del fenómeno OVNI.

Precisamente, el lugar en el que nos encontrábamos se localiza a muy poca distancia de Tepoztlán, por lo cual era muy fácil identificar la ubicación del objeto.

Los integrantes del grupo nos despedimos para descansar. No sé si por intuición o por coincidencia, le comenté a mi amigo médico, con quien compartí la habitación del hotel, que se fuera adelantando y que posteriormente lo alcanzaría, ya que quería disfrutar de la noche y caminar un rato. Mientras recorría los bellos jardines del hotel, encontré un jardín zen rodeado de cojines y cubierto por una bella cúpula sin paredes.

Aunque ya era muy noche, decidí que era un momento agradable para sentarme y meditar durante unos minutos en ese jardín, frente a las ondas de fina arena, en cuyo centro se encontraban tres hermosas velas. Procedí a encender las velas y también prendí incienso. Me senté cómodamente en posición de loto para iniciar la meditación. A los pocos minutos de comenzar, percibí que alguien había llegado al lugar y pensé que sería agradable compartir este momento de meditación con otra persona. Como me encontraba con los ojos cerrados, no pude saber de quién se trataba.

Después de media hora di por finalizada la meditación y al abrir los ojos observé que ya no había nadie en el lugar. Me incorporé y al acercarme a apagar las velas, me llamó la atención que las ondulaciones de la arena se veían interrumpidas por el contorno de una figura. Como si alguien se hubiera acostado boca abajo en la arena. Mi reacción de inmediato fue de enojo, pensé: "¡Qué falta de consideración, acostarse sobre un jardín zen que se supone es un lugar que debe ser respetado por su significado!"

Pero mi sentimiento de enojo cambió de inmediato por un escalofrió y piel de gallina, ya que al analizar con más detenimiento las huellas en la arena, me di cuenta que aquello que se había apoyado sobre la arena había marcado una figura pero sin borrar las ondas. Físicamente esto no es posible. Solamente se podría lograr tal efecto colocando algún tipo de energía sobre la arena para marcar la figura sin borrar las ondas. Lo que más me impactó fue percatarme de que había unas huellas de manos, pero éstas eran muy pequeñas y sólo tenían cuatro dedos.

De inmediato me dirigí a mi habitación y encontré a mi compañero aún despierto. Me saludó y, antes que cualquier otra cosa, me preguntó:

—¿Qué te pasa? ¿Te sientes mal? Estás muy pálido, ¿te cayó mal la comida?

Después de platicarle mi experiencia, mi compañero corrió a tocar a la puerta del cuarto vecino para comentarles lo ocurrido a los otros dos amigos. Los cuatro decidimos ir al jardín zen para ver la figura en la arena. Las huellas seguían ahí y pensamos que sería interesante llevar a cabo una meditación ese momento. Cada uno se colocó en un punto cardinal y comenzamos a relajarnos para meditar. A los 4 o 5 minutos de iniciar la relajación, a mi lado izquierdo percibí que alguien se acercaba casi tocando mi rostro. Una sensación de escalofrió recorrió mi cuerpo y mi cerebro percibió dentro de él un sonido similar al *Om*, como en ondas de intervalos, muy parecido a aquél de la película *Contacto*, cuando la científica estelarizada por Jodie Foster hace contacto por primera vez con seres extraterrestres.

Mi mente racional no quiso involucrarse en esta fantasía. Tal vez —lo acepto—, por miedo. Salí de mi estado meditativo sin abrir los ojos. Creo que mi curiosidad fue mayor que el miedo y de nuevo me relajé para poder meditar. Volví a percibir la presencia, al igual que el sonido dentro de mi cerebro, sólo que ahora me dejé ir y mi sensación fue parecida a viajar a una velocidad increíble por un tubo de luz blanca y azul brillante. Parecía como si estuviera dentro de un gran gusano, no sé qué pasó después porque mi mente se perdió en "la nada" hasta que sentí la mano de mi amigo sobre mi hombro, mientras me decía que habían terminado su meditación.

Esa noche no comenté nada. Me costó mucho trabajo conciliar el sueño. Aquellas escasas nubes se convirtieron en nubarrones negros y el resto de la noche nos arrulló el sonido de una torrencial lluvia con truenos. Sin embargo, no era esto lo que me impedía dormir, sino la experiencia vivida. Mi mente racional me decía que todo había sido fruto de mi imaginación, aunque no estaba tan convencido. Sentía que verdaderamente había experimentado el sonido del *Om* y el viaje por ese gusano de luz. Si esto hubiese sucedido después de haber visto la película *Contacto*, hubiera pensado que mi mente había sido influenciada, pero esto sucedió mucho tiempo antes.

Al día siguiente, en la mesa del desayuno se encontraba la directora del hotel, una mujer inteligente y muy interesada en todo este conocimiento. Fue por eso que decidí contarle la historia de las figuras en el jardín zen. De lo que no le hablé fue de mi experiencia, por supuesto. Al principio, mientras narraba el suceso, ella también se molestó pensando que alguien se había acostado en la arena. Al contarle las características de las huellas, se sintió muy intrigada y nos pidió que fuéramos hasta el lugar para analizarlas.

Desgraciadamente, cuando llegamos las huellas ya no estaban porque el jardinero, cumpliendo con su trabajo matutino, había creado de nuevo las ondas en la arena. La

directora del hotel me invitó a que esa noche dirigiera una
meditación en el lugar, ya que era un día muy especial en
todo el mundo: en todas partes se hablaba de que si diversos grupos alrededor del planeta se reunían a meditar, se
abriría un portal cósmico. Agradecí la invitación y así, esa
noche nos reunimos cerca de treinta y cinco personas para
meditar alrededor del jardín zen.

Comencé a guiar la meditación. Pedí a los integrantes
del grupo que cerraran los ojos y comenzaran a respirar
concientemente, y así permanecimos durante media hora,
hasta que les pedí que volvieran a abrir los ojos. Grande fue
nuestra sorpresa cuando nos percatamos que habían vuelto a aparecer sobre la arena las mismas huellas de la noche
anterior. Los comentarios no se hicieron esperar. Algunos
hablaban de gnomos, otros de seres extraterrestres, algunos escépticos comentaron que alguien las había hecho
como una broma. Esto último era difícil de considerar, ya
que formábamos un grupo cerrado en forma de círculo y
nadie tenía acceso al centro del jardín zen.

He comprobado que es más fácil desacreditar una si-
tuación aparentemente inexplicable, en lugar de asumirla
como un hecho. Sobre todo al tratar de entender la razón
por la que nos sucedió, como diría mi amigo de Internet.

A partir de ese día mi vida dio un giro de ciento ochenta
grados, por situaciones no coincidentales, sino conjuncio-

nales —si es que es válido llamarlas así—. Junto con un grupo de amigos científicos y terapeutas comencé a analizar este tipo de sucesos y a profundizar filosóficamente en el sentido de la vida. Esto dio inicio a los talleres sobre meditación y el despertar de conciencia, a los que me referí en el primer capítulo de este libro.

Lo interesante fue que, a partir de ese momento, todas las noches me despertaba a las tres de la mañana con ideas nuevas sobre la conciencia, sobre el funcionamiento cerebral, sobre arquitectura y cómo crear espacios de alta energía a partir de medidas y formas específicas. Lejos de molestarme, me entusiasmaba, principalmente porque lo que pensaba o soñaba lo iba materializando, y no creo que por coincidencia, sino más bien por conjunción o por sincrodestino.

Tenía razón el Maestro de Luz. No podía dejar fuera esta vivencia. Hasta ese momento no había podido averiguar quién o qué había sido esa energía que se manifestó en el jardín zen, pero definitivamente había provocado un cambio en mi cerebro. Posiblemente fue esta vivencia o tal vez la muerte clínica, el tiempo de silencio en los monasterios, las enseñanzas de los maestros, las iniciaciones chamánicas, el tantra, la meditación practicada durante tantos años, los momentos de sufrimiento, el compartir con mi grupo de amigos médicos todos los martes… Nunca podré decir exactamente qué fue, o si fue la suma de todas estas experiencias, sin embargo, algo pasó. Algo tan real, que las comprobaciones electroencefalográficas demostraron que mi cerebro tenía la posibilidad de funcionar en dos estados en la misma zona cerebral, el de alerta y el de meditación profunda, y producir ondas gama (estas ondas son un nuevo descubrimiento de las neurociencias, ya que con los electroencefalógrafos de antes no podían ser detectadas).

Como todo en la vida, no porque no lo percibamos quiere decir que no exista, pues bien, estas ondas gama se producen de vez en cuando en nuestro cerebro, principalmente cuando estamos con atención total o súper conciencia. Es como si nos pidieran contar del número mil para atrás, de siete en siete, y al estarlo haciendo de pronto en nuestro cerebro se registra un pequeño pico de ondas alfa, mucho más rápidas que las beta (ondas que produce nuestro cerebro cuando estamos totalmente despiertos).

Lo interesante era que, al parecer, mi cerebro podía crear voluntariamente este estado de ondas gama, y pudimos comprobar cómo al hacerlo influía sobre otro cerebro, y cómo aquél penetraba en un estado de hipersincronía, que en palabras comunes, significa que el cerebro comienza a funcionar cerca de su totalidad, lo que algunos místicos llamaron un estado de *samadi* o iluminación.

Y después de todo, mi pregunta continuaba siendo la

misma: ¿Para qué servía todo ese cambio cerebral, fuera del ego de todos los días? ¿De qué servía ayudar a los participantes de los talleres a superar miedos, aliviar el dolor o a sanar las emociones no coherentes que de alguna forma pudieran —por así decirlo— quemarse o erradicarse de "archivos del disco duro" del cerebro? ¿Era —por qué negarlo— agradable y gratificante para el ego, que muy dentro de mí existía la inquietud de que algo más había que hacer?

La búsqueda desde pequeño no había llegado a su fin. Nunca imaginé que a partir de aquel primer correo electrónico que recibí del Maestro de Luz todo iba a cambiar e iba a encontrar la respuesta a tantas preguntas que me había hecho durante toda la vida.

PARTE II

"El Encuentro"

Una cita para dialogar

Habían pasado 21 días desde que recibí el primer mensaje del Maestro de Luz. No pude pasar por alto las nuevas coincidencias o conjunciones: en los talleres que impartíamos siempre les explicábamos a los participantes que para que algún cambio pueda llevarse a cabo a nivel cerebral, la nueva actividad o actitud se debe practicar durante veintún días, para que así se formen nuevas y definitivas conexiones neuronales.

A este proceso, la ciencia le ha llamado sinaptogénesis el cual resulta muy atractivo y prometedor porque abre un campo nuevo en la neurofisiología de nuestro cerebro. Significa que si se practica regularmente y con sobreesfuerzo determinada actividad, se crean nuevas neuronas y conexiones en el cerebro, que sustituyen a las anteriores, de dolor y sufrimiento, por conexiones de amor y alegría.

Esa mañana, al abrir mi correo electrónico me encontré con una gran sorpresa. Normalmente los comunicados del Maestro de Luz eran cortos, pero en esta ocasión, además de recibir sus palabras, ajuntaba un archivo que llamó mi atención. El mensaje sólo decía:

Bienvenido, estás listo.

Inmediatamente abrí el archivo adjunto y mi sorpresa mayor cuando me encontré con un mapa que decía:

Nos vemos ahí.

El lugar que se indicaba en el mapa era conocido para mí. En muchas ocasiones había recorrido a pie o a caballo las maravillosas montañas del Tepozteco. La ubicación del encuentro era precisamente ahí, al inicio de la cordillera, donde las formas caprichosas de la naturaleza crean la figura de la cabeza de Quetzalcóatl, la mitológica serpiente emplumada de las culturas prehispánicas. Este dios, considerado un ser mítico, se convierte en un ser real a través de una historia de ese pequeño poblado de Amatlán cerca de Tepoztlán.

Don Felipe de Alvarado, historiador del lugar, en su libro *La Historia de Amatlán de Quetzalcóatl* relata cómo después de haber llevado a cabo investigaciones junto con la antropóloga alemana Carmen Cook, Ce-Acatl Topiltzin Quetzalcóatl nace el 4 de mayo del año 843 a.C., hijo de la doncella Chimalma y del guerrero Mixcoatl. Al nacer, muere su madre en el parto, y poco después también muere el padre, quedando Topiltzin bajo el cuidado de sus abuelos, quienes a los seis años de edad lo envían a estudiar a Xochicalco, que en esa época era la catedral del conocimiento en Mesoamérica. Estas ruinas arqueológicas se encuentran a treinta minutos de la ciudad de Cuernavaca, y ahí se pueden contemplar la maravillosa pirámide erigida a Quetzalcóatl y el famoso observatorio.

Desde niño, Topiltzin supera en muy poco tiempo a sus maestros, y a los escasos veintiún años es nombrado sumo sacerdote, agregándosele a su nombre el de Quetzalcóatl... Inicia así su peregrinaje predicando el amor y la no violencia y censurando los sacrificios humanos.

Entonces, Amatlán se convirtió en el equivalente a Lunvini para los budistas o Belén para los católicos. La misma montaña forma la impresionante silueta de la serpiente emplumada En sus laderas, las rocas simulan una ciudad con templos y casas. Esto da pie a que nuestra imaginación dé origen a las formas y las figuras que uno quiera.

Sin pensarlo mucho, me dirigí al lugar indicado para el encuentro. La caminata fue larga y cansada, ya que el mapa marcaba un lugar elevado en la montaña, que por alguna razón siempre había ejercido en mí una especial atracción que me hacía mirarla constantemente. Aún recuerdo aquellas noches contemplando el paisaje y la forma en la que mi grupo de amigos médicos y yo habíamos observado las luces naranjas en las laderas. Nos llamaba la atención sus movimientos bruscos, podíamos pensar que eran fogatas de exploradores, pero nunca una fogata puede moverse tan rápidamente y mucho menos en esas paredes tan escarpadas.

Tuve que preguntar a la gente del pueblo cuál era la mejor ruta para llegar al sitio indicado. Fue difícil encontrarlo, porque era necesario caminar por veredas angostas y, en ocasiones, mientras más subía, tenía que ir abriéndome camino entre la hierba, cuidando de no caer desde los desfiladeros.

Era tarde cuando finalmente llegué al lugar de mi cita en una pequeña meseta de cuando mucho diez metros cuadrados. La vista desde ahí era imponente. Ahora entiendo el motivo por el que tantos seres humanos arriesgan su vida escalando montañas. La contemplación de estas espectaculares vistas brinda un inmenso sentido de plenitud. Recuerdo que en una ocasión toqué la punta del Everest, como decía la propaganda de la línea aérea *Buda Air*, sólo que lo hice con el corazón, aunque podía imaginar el enorme placer y el esfuerzo de quienes lograban llegar a la cumbre de la montaña más alta del mundo, subiendo paso a paso y después de semanas de esfuerzo. Claro que de ninguna manera me puedo comparar con un alpinista profesional, pero sí implicó un gran esfuerzo las cuatro horas que tardé en llegar al lugar de la cita con el Maestro; y jamás pensé que encontraría algo tan misterioso.

Atrás de mí se encontraba la ladera de la montaña y, al estar tan cerca de ella, pude comprobar que lo que desde lejos parecía ser una puerta, en realidad sí lo era. Su forma era angosta y terminaba en un punto medio de aproximadamente veinte metros de altura. Este portal era mucho más pequeño que la famosa Puerta Cósmica, ubicada en la base de la montaña y alrededor de la cual se habían creado bellas leyendas en las tradiciones del pueblo.

La tradición hablaba de que la Puerta Cósmica se abría una vez al año para que los que estuvieran listos entraran a una ciudad de luz dentro de la montaña, en donde moraban grandes maestros espirituales. Era una bella tradición mítica, por supuesto, desde nuestra lógica científica. Sin embargo, un evento que tuvo lugar hace aproximadamente diez años siempre me había dejado ciertas dudas al respecto.

En ese entonces, fui invitado a diseñar un lugar de meditación cerca de esa montaña. Sin ser arquitecto, esa había sido una de mis inquietudes desde que era pequeño. Recuerdo que una noche, a las tres de la mañana, "me llegó" la idea de cómo hacerlo. Al despertar, traté de realizar un boceto de lo soñado o de escribir la idea. Todavía recuerdo lo que me dijo una de mis compañeras del grupo cuando se lo mostré:

—¿Te das cuenta que lo que dibujaste es lo mismo que está arriba en la montaña?

No puedo borrar de mi memoria que cuando se inauguró el centro de meditación me regalaron un libro titulado *La Puerta, una entrada a otra realidad*, de Germán Herrera, que hacía alusión a la formación rocosa de la base de la montaña y describía su interior, y cómo después de mucho tiempo de meditación y trabajo interior pudo penetrar el interior de la montaña a través de la puerta interdimensional, encontrando dentro de esa montaña a muchos maestros de luz, que después de un tiempo le permitieron ingresar al recinto de meditación. La descripción de dicho espacio no era parecida al que yo había creado, ¡era igual! ¿Sincronías? ¡Y qué causalidad que el mapa me llevara exactamente a la puerta creada en la roca de la entrada de lo que sería el *ashram* de la montaña, en lo alto de ella! Más aun, ¡qué causalidad que en una canalización de Kryon mencionara que esta nueva puerta cósmica se había abierto!

De inmediato, mi mente lógica comenzó a tratar de encontrar una explicación, pero ¿qué relación tenía todo con la cita del Maestro? Estos pensamientos surcaban mi mente cuando recordé a lo que había venido, mas no encontré a nadie alrededor. Estaba completamente solo. Nuevamente pensé que todo había sido una broma, un engaño.

Cuando estaba convencido de que había caído en la trampa de un bromista, no niego que sentí una gran desilusión, pero viendo el lado positivo, me alegré de haber tenido la oportunidad de subir hasta ahí y de contemplar la maravillosa vista. Aunque era tarde, decidí recostarme para descansar un poco antes de emprender el camino de regreso. Cerré los ojos y comencé a meditar.

Ignoro cuánto tiempo llevaba en mi contemplación interna cuando de pronto una luz brillante lastimó mi retina. Aún con los ojos cerrados, la luz era demasiado fuerte. De pronto, comencé a escuchar el inolvidable sonido del *Om* dentro de mi cerebro y, aunque por la hora del día y el lugar, hacía un poco de frío, mi cuerpo percibió un calor agradable y una tranquilidad insospechada.

Mi curiosidad hizo que abriera los ojos y, ante mi sorpresa, ya no estaba la vista del valle. Lo único que percibía eran luces de varios colores y formas prismáticas. Imagino que esa ha de ser la misma sensación que tiene alguien que consume drogas alucinógenas, pero no era mi caso, siempre he sabido que este tipo de sustancias tarde o temprano dañan nuestra estructura cerebral; es por esto que nunca sentí la curiosidad por consumirlas.

Después de unos minutos, las figuras geométricas comenzaron a crear una forma similar a una figura humana, que se originaba de dos triángulos entrelazados, como la estrella de David, para después estirarse. El sonido del *Om* desapareció y, en su lugar, una voz difícil de describir empezó a tomar forma dentro de mi cerebro.

—Bienvenido, por fin estamos frente a frente —escuché.

Traté de articular algunas palabras, pero éstas no salían, así que mentalmente pregunté con quién estaba comunicándome.

—Por favor, ¿todavía no sabes quién soy? Hemos estado en contacto los últimos 21 días ¿y todavía lo preguntas?

Mi sorpresa fue grande. Yo esperaba encontrarme con alguien de carne y hueso con quien pudiera sostener una conversación. Nunca imaginé que iba a estar frente a un ser formado de luz y formas prismáticas que se comunicaría telepáticamente. Como si leyera mi pensamiento, de inmediato escuché su respuesta en mi cerebro:

—Me llama la atención que después de todo lo que has estudiado sobre física cuántica y neurociencias, hubieras pensado que ibas a encontrarte con alguien igual a los seres de tu tercera dimensión. De haber sido así, hubiera sido

más fácil contactarte por teléfono. Durante años me comu-
niqué contigo a través de tus sueños, pero llegó el momento en que tuve que hacerlo de manera más directa; de otra
forma, siempre quedaría en ti la duda de la veracidad del
conocimiento que recibías, y seguirías pensando que era
producto de tu imaginación. Afortunadamente, hoy en día
existen medios de comunicación, como Internet, que me
facilitó el contacto de manera que tuvieras una prueba real
que te permitiera creer y aceptar venir a este encuentro. A
nivel vibracional, no es necesario teclear el tablero de una
computadora para transmitir información, solamente se
requiere enviarla de manera inalámbrica para que la recibas.

—¿Esto quiere decir que los correos electrónicos que
recibí no provenían de un teclado? ¿Significa que todo este
tiempo tu información llegó a través de ondas? —pregunté.

—¿Te parece raro? Tú mismo has hablado innumera-
bles veces de la resonancia mórfica que explica que toda la
información de los seres humanos puede transmitirse de
cerebro a cerebro por fotones a través de nanotubulos. ¿Qué
hay de extraño en que esto mismo se pueda hacer con la
nueva forma de comunicarnos vía Internet?

Tenía razón, era bastante lógico lo que decía. Precisamente, la teoría de los nanotubulos, que durante tanto
tiempo a nuestro grupo de neurociencias nos había impli-
cado horas de explicación, sugiere que los tubitos que se

encuentran dentro del cerebro y entre las neuronas, tienen una razón de ser más allá de la conducción de luz, que originalmente era la única función que se les conocía, ya que, además, muestran la posibilidad de darle coherencia a los fotones que pasan a través de ellos, y no sólo eso, los estudios demostraban que en ocasiones entraban seis partículas de fotones y salían nueve, sin que existiera una explicación lógica.

Sin embargo, para nuestro grupo este fenómeno constataba la existencia de la conciencia y, sobre todo, de la comunicación con la Gran Mente, ya que sólo a través de la luz se puede llevar a cabo la comunicación entre cerebros. Entonces, si la luz lleva información, como ya estaba demostrado, y ésta pasa por los tubitos que se conectan con las neuronas, podemos recibir información y transmitirla tal como lo hace una estación de radio o de televisión.

Y, lo que resulta más atractivo, es que esa parte de nuestro cerebro, llamada Circuito de Dios, cuando se activa a través de los tubitos, se transforma en una especie de radio de onda corta que puede recibir señales más allá de las del pensamiento humano.

Todo esto lo entendía claramente, pero me seguía preguntando quién era ese ser de luz prismático que se comunicaba conmigo. No sabía cómo llamarle.

—Te hemos oído hablar muchas veces sobre las diferentes dimensiones que existen en el universo y de cómo Einstein comprobó matemáticamente que por lo menos hay once dimensiones. Lo único que puedo decirte es que ésta no es ni la tercera ni la cuarta dimensión, sencillamente es otra dimensión. Ahora bien, para continuar con nuestro diálogo mental, por llamarlo así, creo que es justo que sepas quién soy.

En ese momento, mi cerebro entró en gran frenesí, por fin iba a saber quién era ese Maestro de Luz que se comunicaba conmigo. Pero grande fue mi sorpresa cuando en lugar de un nombre, lo que escuché fue lo siguiente:

—En esta dimensión, como comprenderás, al estar liberados del ego normal, no existen los nombres. Podrás ubicarme fácilmente si te digo que hace algunos años desaparecí como por arte de magia del planeta Tierra. Fue grande la consternación entre la comunidad científica y, desde luego, entre mis amigos y familiares. Lo que sucedió fue que logré traspasar las rejillas de la mente.

No tuvo que explicar más. De inmediato supe de quién se trataba, y si llegué a tener alguna duda, en cuanto escuché la última frase, tuve una gran certeza de quién era.

De inmediato vino a mi mente un pensamiento:

—Entonces, lo que ahora está sucediendo quiere decir que traspasé las rejillas de la mente y desaparecí de la tercera dimensión, como tú.

—No, no creas que es tan fácil, y tampoco pienses que ahora existirás para siempre en la comodidad de esta dimensión en la cual los sufrimientos físicos o mentales no existen. Considérate, por lo pronto, como un invitado a esta dimensión y trata de poner atención a todo lo que se te vaya transmitiendo. Así podrás entender el significado de tu vida en este momento.

¿Qué sucedía? De pronto alguien podría explicarme el significado de la vida, y en especial de mi propia vida. Esto resultaba excitante; sin embargo, de nuevo la duda: ¿Es cierto todo esto o es tan sólo un juego de mi imaginación o un sueño? Creo que había olvidado con quién me encontraba, porque de inmediato vino la respuesta.

De nuevo la duda. ¿Cuándo terminarás con esa costumbre? Aunque, para que te sirva de consuelo, te diré que no es un problema personal. Todos los seres humanos viven con este estigma. Desde el momento en que son lanzados a la tercera dimensión, el alma pierde la conciencia de la unión con la Gran Mente y empieza a dudar. No es que el alma dude, pero al engarzarse con el ego mental, olvida la Verdad Absoluta. Hablaremos de esto más adelante. Si crees que es un sueño o un juego de tu imaginación, por el momento no importa, lo relevante es transmitirte el mensaje y ya verás que conforme lo vayas captando la duda irá desapareciendo.

El Maestro continuó:

—En este momento tienes conciencia de mi presencia, sin embargo, estás rodeado por seres como yo. En esta dimensión se encuentran muchos de los grandes maestros de la humanidad: Buda, Jesús, Zaratustra y, por supuesto, Quetzalcóatl, como anfitrión en esta montaña. Todos los grandes iluminados que recuerdes están aquí, pero me tocó a mí contactarte, porque el tipo de pensamiento y trabajo de búsqueda en tu vida ha sido muy similar al mío, cuando existí en la tercera dimensión.

"Sé que te gustaría ver a todos los grandes maestros. También sé que anhelas estar en contacto con los seres queridos que perdiste…"

"Bueno, aunque, "perder" es una palabra que no tiene sentido una vez que traspones esta dimensión. Nada se pierde, todo existe por siempre; la corporalidad de aquellos que partieron ya no existe, pero su esencia o alma —como se quiera llamar— recuerda que no es algo relacionado con la tercera dimensión. Por decirlo de alguna forma, es energía, y ¿cuándo se ha visto que la energía o un pensamiento, que también es energía, desaparezca? Los sentidos de la dimensión dentro de la corporalidad están diseñados para percibir sólo lo que el cerebro del *Homo sapiens* puede hacer, ya que sigue enganchado a la matriz creada por ellos mismos durante los últimos cien mil años. Es precisamente por esto por lo que estás aquí, y de ello hablaremos más adelante."

—Otra vez lo mismo —pensé—. ¿Por qué no me comunica todo de una vez? ¿Por qué tiene que ser más adelante?

—Insistes ante la duda —escuché la voz del Maestro, que desde luego leía mi pensamiento—. No condiciones al tiempo tu ansiedad por saber. En esta dimensión no existe el tiempo. Imagínate: el ser humano lleva cien mil años esperando la respuesta, y tú no puedes esperar, desde tu perspectiva del tiempo, sólo unos minutos u horas. Ahora no te queda de otra más que estar presente en este momento y, principalmente, estar en conciencia, no sólo por la importancia de la palabra en sí, sino por lo que significa en tu responsabilidad como grano de arena ante el gran cambio.

El gran cambio... ¿En dónde he escuchado esto? En los últimos doce años de mi vida, éste ha sido un tema de plática en nuestro grupo la mayor parte del tiempo. En una fracción de segundos me cuestioné si en realidad vendrá un gran cambio o es tan sólo un pensamiento utópico de algunos locos como nosotros que esperamos por fin trascender el sufrimiento de la humanidad, y la respuesta llegó inmediatamente.

—Vendrá ese maravilloso momento que permitirá que la humanidad crezca, y deje de ser adolescente para convertirse en adulto, asumiendo la responsabilidad para la cual fuimos creados, como han dicho los maestros de todos los tiempos.

"¿Recuerdas la recapitulación que hiciste sobre los momentos especiales de tu vida? ¿Insistes en que todo fue imaginación o coincidencia? Entonces ¿crees que los grandes maestros, que sirvieron de sustento para la fundación de la religión de millones de seres humanos, también son producto de la imaginación? Muy bien, no te juzgo, porque lo mismo me pasó en mi época. Debes sentirte dichoso porque ha llegado el momento esperado durante tanto tiempo y podrás vivirlo desde tu dimensión y desde esta otra. Pero que no se vuele tu ego, no sólo tú lo lograrás; muchos, si no es que todos los seres humanos, podrán hacerlo."

Todo sonaba muy coherente, pero de nuevo mi mente cuestionaba ¿por qué aquí, por qué en este lugar, por qué no hacerlo en otra parte?

—Mira, antes de avanzar más en la explicación, te diré el porqué del aquí y ahora. Cuando estamos en la tercera dimensión, nuestro entorno se limita a la fórmula: largo por ancho por altura. Por decirlo de otra forma, a nivel vibracional un pájaro sólo puede volar en el aire, un pez sólo puede nadar en el agua, un ser humano sólo puede caminar en la tierra.

—Resulta lógico —pensé—. A nivel vibracional ciertas ondas sólo son congruentes con ondas similares. No podemos mezclar agua con aceite, de la misma manera en que un pájaro no puede volar en el agua, pero ¿a qué quieres llegar con todo esto?

El Maestro continuó con su explicación:

—Imagina que mediante un trabajo cerebral de alta vibración trasciendes las rejillas de la mente y penetras en una dimensión más alta y, por lo tanto, de una vibración diferente al cuerpo animal. ¿Crees que podrías sobrevivir en tu entorno o necesitarías condiciones diferentes para mantenerte estable? Si prendes un foco, los electrones producen luces en un campo de alto vacío, ¿qué sucedería si esa resistencia no estuviera cubierta por el cristal y no se encontrara al vacío? Sencillamente no existiría la luz. Desde tu pensamiento lógico y científico, ¿cómo lograrías que ese ser interdimensional se mantuviera estable a nivel vibracional o cuántico?

De inmediato mi lógica me llevó a pensar en un espacio de alto magnetismo que contuviera esas ondas vibracionales, porque la energía, como tal, no desaparecería y, mucho menos, la conciencia. Si de pronto no existiera la fuerza de gravedad, el ser humano saldría volando de la Tierra.

—Muy bien, vas muy bien. Tu cuerpo saldría disparado de la Tierra, moriría como materia, pero tu conciencia perduraría. Ahora imagina que un grupo de seres que tratan de avanzar a otra dimensión, pero que deben permanecer en la Tierra; al no existir esa contención magnética, pasaría lo mismo.

Pensé que se estaba contradiciendo. Si menciona que en las otras dimensiones no existe espacio ni tiempo, ¿qué necesidad hay de permanecer en la Tierra, en esta dimensión? ¿Por qué no ir hacia otros espacios, a otros universos en otras dimensiones?

—¿Recuerdas el día que preguntaste al Rimpoché por qué si había terminado su camino evolutivo reencarnaba y regresaba a esta vida de sufrimiento?

Te dijo que lo hacía para ayudar al ser humano a trascenderlo como él lo había hecho. Sucede exactamente lo mismo. Aquellos maestros de la antigüedad, en su tiempo emplearon la palabra y su ejemplo para mostrarle al ser humano que éste no era el Reino de los Cielos y, aunque sus proezas eran enormes, siguieron igual y nada cambió En realidad, todo es y será perfecto. Es como ir abonando la tierra donde germinará la semilla que tarde o temprano dará paso a la flor; igual que la oruga en su crisálida esperando el momento para convertirse en mariposa.

"Si la oruga no hubiera sido oruga, si la oruga no hubiera sido crisálida, al final de cuentas la oruga nunca se hubiera convertido en mariposa. Todo —te repito—, es perfecto, y aunque imperfecta o fea resulte una oruga o una crisálida, de igual manera puede ser visto el ser humano en estos cien mil años de guerras, exterminio y dolor."

"Piensa en el ser humano: en general, todos somos como una crisálida que tuvo que esperar un tiempo para convertirse en mariposa. También el ser humano en este *no tiempo* tuvo que esperar cien mil años para despertar en el capullo, abrirlo, extender las alas y volar desde la dimensión más densa, que es la Tierra, hasta la más sutil, que es el aire."

Ya comenzaba a entender. Lo mismo le sucede a la mariposa; como en esa maravillosa metáfora cuando la mariposa le dice a la oruga que algún día se convertirá en mariposa. La oruga no le cree. ¿Cómo podría alguna vez volar y ser tan bella? Sí, definitivamente en cien mil años aparecieron muchas mariposas o maestros espirituales, pero todos nosotros, las orugas, nunca los reconocimos y, si llegamos a hacerlo, nunca creímos que nosotros podríamos hacer mismo que ellos.

Al margen de mis pensamientos, el Maestro continuó:

—Sin embargo, todo es perfecto y todo eso sirvió para ir preparando a la crisálida para convertirse en mariposa. ¿Ahora entiendes por qué no puedo estar donde estás sin ser como soy? Igual que la mariposa no puede volar en el agua.

De nuevo la misma pregunta. Todo esto tomaba coherencia, pero ¿por qué aquí?

—Recuerda que antes te hablé de la alta vibración de la que ahora está conformado mi ser; para estar aquí requiere de una contención de esta forma, de un alto magnetismo. ¿Todavía no lo entiendes?

¡Claro! Estas montañas están formadas casi exclusivamente de ferrita, esa piedra que debido a su alto contenido de fierro hace las veces de un gran imán que contiene esta alta vibración. Por algo la ubicación de lugares como Shambhala, la Ciudad de Luz en el Tíbet, o Machu Picchu, en la montaña de Gabina; en fin, todas las aparentes leyendas de esas ciudades de luz dentro de las cuales se encontraban los maestros espirituales. ¿Significa esto que todos aquellos que se han ido se encuentran dentro de alguna de estas montañas? Lo que sucede es que estas montañas son, por decirlo así, como un centro de convenciones en donde un grupo de seres nos reunimos para estudiar y ayudar a la evolución de la especie humana. El resto de las almas que han poblado el planeta se encuentran en otra dimensión a la cual, por supuesto, tenemos acceso. Durante miles de años, esas almas reencarnaban para cerrar círculos y, como en la escuela, ir ascendiendo de grado. Parte de esa enseñanza era como la tarea en la escuela, algo que no nos gusta; esa tarea durante siglos y milenios consistió en experimentar el sufrimiento para así ir escalando poco a poco, y darnos cuenta de que existía algo más que esta densidad corporal.

Sin embargo, lo más importante en este momento es que, al parecer, se va a cerrar la escuela...

¿De qué habla al decir que se cierra la escuela? —pensé—. ¿Significa que la Tierra va a dejar de existir o que es el final del planeta?

—Eso que preguntas es lo que la mayoría de ustedes cree, basados en el inconsiente colectivo sobre las profecías del fin del mundo: que si quedan pocos años, que si todo en el planeta se va a acabar... ¿Cuándo se darán cuenta de que lo que están viviendo no es sino una pequeña parte de la maravillosa evolución para la cual estamos destinados? Mira, creo que es momento de que vayamos adentrándonos en el tema y, principalmente, de que entiendas el motivo por el que estás aquí.

"Durante milenios, como te decía, si tomamos en cuenta la dimensión del espacio/tiempo, el ser humano sabía muy adentro de él que existía algo más que la realidad de tercera dimensión. La mente lógica pensaba que esto era debido al miedo a la muerte y que todo este pensamiento estaba basado en ese miedo y que lo único que existía después de morir era la nada. Te puedo decir que si aquellas mentes tan lógicas e inteligentes alguna vez hubieran mirado al cielo y contemplado el firmamento, con los miles de millones de estrellas, se hubieran cuestionado si todo esto existe, si es tan sólo un capricho de la naturaleza o si todo esto fue creado por una razón."

"Pero, de nuevo el pensamiento limitado del ser humano que no cree en su magnificencia y que continúa pensando en que todo esto es finito, que todo acaba cuando acaba. Es gracioso, por un lado nuestro ego nos hace sentirnos importantes, lo máximo dentro de esta aparente realidad, que somos únicos y diferentes, pero siempre al nivel de la supervivencia y desde la competencia. El ego lo hace desde el "yo soy lo importante, yo soy el que sufre". Qué maravilloso pensamiento, siempre y cuando el ser humano utilizara al ego para sentirse diferente, único, maravilloso y poderoso, no en relación al resto de los humanos, que lo hiciera sentirse superior a los demás, sino comprendiendo su gran potencial, más allá de su corporalidad, es decir, desde la grandeza de la evolución de la conciencia, de formar parte del Gran Ser y de la Gran Mente que creó el universo. Pero, bueno, continuemos en este aquí y ahora para entender el por qué del todo y para qué estás aquí."

"Preguntabas mucho de mi ser y de la razón por la que estoy en estas montañas, como otros de los maestros que aquí se encuentran. Bueno, te pido que conectes todo tu entendimiento y conciencia para que puedas entenderlo. Como sabes por mi historia y los libros que escribí cuando existía en la tercera dimensión, mi motivo de vida siempre fue encontrar la puerta para trasponer sus fronteras. Esa búsqueda me llevó durante muchos años a estudiar y a recorrer el mundo, a pasar mucho tiempo en monasterios, aprendiendo de diversos gurús y chamanes, en ceremonia tras ceremonia, iniciación tras iniciación, a experimentar y a dedicar cada momento de mi existencia para encontrar las respuestas. Tengo que decirte, y tú lo sabes bien, que mucho de esto no fue agradable y en diversas ocasiones también me cuestioné si de verdad valía la pena todo este sacrificio en caso de que al final no existiera nada de lo que buscaba, como creen los materialistas. Tal vez todo ese esfuerzo hubiera sido mejor emplearlo en disfrutar de cosas más banales en la vida, tal vez hubiera sido mejor pasar esos días o meses de estudio o retiro en Tíbet disfrutando de un lugar como Las Vegas, la Riviera Francesa, el glamour, el bloff, en fin, todo aquello que resulta tan atrayente para la mayoría de los humanos."

"La respuesta la tienes frente a ti, y aunque por el momento lo dudes, quiero que ahora sólo escuches y pongas atención a lo que te digo. Mis estudios sobre chamanismo, budismo y neurociencia me llevaron a descubrir, desde la mente lógica y científica, que de verdad todo estaba conectado. Sí, esas supercuerdas son como un entramado interdimensional. Son, por llamarlo de alguna forma, un entramado en el universo que mantiene unido el todo con el Todo; sin embargo, este entramado que percibimos desde nuestra mente común de tercera dimensión es difícil de comprender, por lo que voy a explicarte."

"Ese entramado de energía, al ser energía, tiene la posibilidad de ser y estar en el entramado de varias dimensiones al mismo tiempo. Es como si de pronto el pez que nada en el agua percibiera al mismo tiempo el aire y un trozo de hielo. Así es esto, si el aire o vapor se vuelven agua, el pez puede nadar; si el hielo se vuelve agua, también puede nadar. ¿Cuál es, entonces, la diferencia? La densidad o vibración de las moléculas, del electrón. Así, este entramado dentro del todo, depende de la densidad de vibración de cada elemento dimensional. Lo importante era encontrar esa sintonía o vibración que me permitiera pasar de una dimensión a otra, pasar del agua al vapor sin perder las características moleculares del agua. En otras palabras, trasmutar. No puedo mentirte; lograrlo requirió de mucho esfuerzo y trabajo. Al final fue como pasar a través del ojo de la aguja, como hablabas en tu primer libro del ejemplo de Jesús, en cuanto a que es más fácil que un camello pase por el ojo de una aguja, a que un rico entre al reino de los cielos. No hablabas del rico en cuestiones materiales, sino de aquél rico en apegos. El hielo, el agua y el vapor tienen los mismos volúmenes de hidrógeno y oxígeno, la única diferencia es que sus moléculas se encuentran más o menos pegadas. El hielo tiene tan unidas sus moléculas, que se convierte en un sólido y no puede pasar por el ojo de una aguja; el agua, aunque sus moléculas están menos pegadas, tampoco puede pasar; sin embargo, el vapor sí lo puede lograr, porque sus moléculas se encuentran tan separadas y dispersas, que pueden pasar por cualquier espacio. Así los seres humanos, mientras sigamos apegados al físico material como el hielo, o a las emociones de apego y sufrimiento, que sería el agua o la sangre que lleva los neurotransmisores encargados de la forma de pensar negativa, no podríamos entrar al reino de los cielos, sólo cuando nos liberamos de eso podemos vislumbrar otro estado dimensional."

"Sabía que podía lograrlo porque la historia había demostrado que otros seres lo habían alcanzado, tales como un gran número de mayas, algunos maestros chamanes y Pachita, la famosa curandera que, al parecer, en un estado meditativo penetraba en otra dimensión y desde donde recibía información para llevar a cabo sus curaciones aparentemente mágicas. Entonces era posible."

"Sin embargo, mis estudios me llevaron a comprender que algunos de ellos lo habían conseguido gracias a situaciones especiales en su vida, como la muerte clínica, alguna enfermedad, cuestiones genéticas, orgánicas, patológicas, etcétera. Pero, al final, lo que lograban era darse cuenta de que existía otra dimensión, aunque su comportamiento en relación con el resto de los humanos no era el ideal y las emociones seguían haciendo presa de ellos. Por lo visto, lo más importante no era darse cuenta de la existencia de otras dimensiones o jugar con ellas, el fondo del asunto era otro."

"El cerebro humano está diseñado para percibir las otras dimensiones. Esto, en los últimos años, la ciencia lo ha comprobado. La zona temporoparietooxipital del cerebro o Circuito de Dios tiene la función específica para conectarnos con otras dimensiones. Pero ¿qué era necesario hacer para que además de conocerlas, pudiéramos penetrar en ellas? Lo que hacía falta era trasmutar el cuerpo, no sólo la mente. Te repito, todo está relacionado con las fibras energéticas que conectan todo. Para que te sea más fácil comprenderlo, imagínate que estas fibras formaran una gran malla, que si llegaras a caer en ella desde un trampolín, el contacto haría que tu cuerpo se deformara, en lugar de rebotar. Entonces tu cuerpo se vuelve parte de la misma malla, porque tu frecuencia se sincroniza con ella, y puedes pasar por las rejillas o el ojo de la aguja."

En ese momento no pude esperar más y lo interrumpí:

—¿Quieres decir que si continúo con alta vibración cerebral puedo trasmutar la materia corporal y penetrar de lleno en otra dimensión, como tú lo hiciste?

—Por supuesto que puedes lograrlo. Me entenderás

mejor más adelante, ya que por el momento esto no es lo más importante que tengo que decirte.

—No puedo creer lo que dices o piensas —le dije—. No sé cómo decirlo, pero ¿qué puede haber más importante que lograr esta transmutación? No lo entiendo.

—Quiero decirte que sí hay algo más importante y que te dará mucho más placer que lograr esta transmutación. Sólo te pido que me permitas continuar con todo lo que tengo que explicarte. Si tu mente penetra la alta vibración, la que se conoce como gama, cada una de tus células, al estar interconectadas con las supercuerdas el resto comenzara a vibrar igual. "Dentro del cuerpo existen pequeños tubos, los famosos nanotubulos de los cuales tanto has hablado, que interconectan todas las células. Sabes que dentro de estos pasan partículas o vibraciones de luz: los fotones. También sabes que los tubos no sólo funcionan como conductores, sino que además pueden darle coherencia con nuestro pensamiento y que, gracias a esto, nuestro cerebro funciona como un radiotransmisor. Si sabemos que nuestro pensamiento afecta a los fotones y les da coherencia, éste es captado por todos los cerebros que estén en sincronía con ese tipo de pensamiento. Lo anterior se sustenta en algo que tal vez no conoces, pero que es lo más importante."

"De la misma manera en que la luz y el sonido tienen diferentes grados de vibración, así también lo tienen los pensamientos al salir de nuestro cerebro. Un pensamiento no es igual si es de miedo o es de amor, ya que su coherencia o la alineación de los fotones no es la misma en cada uno. De la misma forma, una onda de radio en una emisora es diferente a la otra. El cerebro de los seres humanos funciona igual, dependiendo de cómo nos encontremos a nivel emocional. Esto es muy importante. Nuestra mente capta una estación u otra; y no captamos lo mismo cuando estamos enojados que cuando estamos contentos."

"Cuando estamos enojados, todo lo que pensamos se relaciona con el enojo, así que inmediatamente nuestro cerebro captará todo el enojo de todos los cerebros que estén pensando igual. Cuando estamos felices, el mundo es se vuelve de color rosa, porque nuestro cerebro sólo se conecta con la alta vibración de la felicidad, del amor y de todos aquellos seres y cerebros que estén en la misma sintonía. Esto mismo sucede en nuestro cuerpo, sólo que nunca entendimos que cada célula es como un radiorreceptor, así que cuando tenemos pensamientos de miedo, los fotones que salen de nuestra mente son la estación de miedo, y cada una de nuestras células recibe esa información a nivel fotónico."

"Cuando nuestro cerebro o nuestra mente lanza pensamientos o alineaciones de fotones de alta vibración, de amor y felicidad, nuestras células, a través de su radiorreceptor, captarán esa onda de felicidad y amor. Sin embargo, las células no tienen tantos receptores como los del cerebro, cuya estructura le permite recibir diferentes mensajes. Nuestras células, en su nivel básico, sólo pueden recibir dos tipos de información fotónica: miedo o amor; no piensan y no tienen conciencia al igual que los animales; sin embargo, sí pueden detectar, de la misma manera que un perro, estos dos tipos de vibración."

De ahí el origen de las enfermedades, por esta conexión a través de los pequeños tubos que recorren todo nuestro cuerpo —pensé—. Esta es una forma muy lógica y científica de explicar la enfermedad sin tener que adentrarnos demasiado en la física cuántica. Ahora me quedan muy claro. Es por esto que hay teorías que dicen que dependiendo de nuestra emoción, será el órgano de nuestro cuerpo que se enferme.

Por supuesto, las células, en su conformación orgánica, son diferentes en cuanto a sus componentes moleculares. Algunas tendrán más agua que otras, algunas serán más sólidas, otras tendrán más aire y, dependiendo de esta condición, las moléculas reaccionarán a los fotones alineados por nuestros pensamientos y emociones.

El Maestro continuó:

—Cada emoción estará relacionada con un órgano, y como los humanos no han podido desapegarse de las emociones, éstas son las que condicionan su forma de pensar. Por lo mismo, realineando los fotones y la información del pensamiento de miedo o de ira, así llegará a las células y a nuestros órganos. La solución no es desaparecer las emociones, sino observarlas con el pensamiento para que éstas no lo afecten y ordenen la formación fotónica. Una vez que comprendiste algo tan básico como la enfermedad, vamos entonces a analizar lo que sucede con la alta vibración en nuestro cuerpo.

"Cuando los pensamientos llegan a un estado de altísima vibración, como es el amor y la producción de ondas gama, el cerebro trasmite a las células, a través de los pequeños tubos, esta información fotónica. Entonces, las células empiezan a resonar en sincronía con esa alta vibración, hasta que cambian su estructura molecular. De nuevo es el ejemplo del agua y del vapor: si las moléculas del agua vibran muy alto, ésta se transforma en vapor y, aunque en ocasiones no podamos tocarlo, éste existe pero en otra forma dimensional."

"El trabajo que inicié hace muchos años estaba basado en eso, en trabajar mi cerebro en alta vibración e iniciar un proceso de amor. No me refiero a un amor de pareja, sino de amor incondicional, a través del cual es posible la unión de todos con el Todo. Esto es lo mismo que sucede en un estado de *samadi* o iluminación. Es como el fuego que calienta al agua. Aunado a esto, se necesitaba el recipiente o la olla que aumentara esa vibración. En el pasado fueron las pirámides y la arquitectura sagrada, gracias a las cuales los grandes maestros y algunos otros seres pudieron transmutar el cuerpo."

"Entonces, ¿qué sucede en estas montañas? Si el vapor se dispersa en la atmósfera, llega el momento en que, aparentemente, deja de existir, pero el trabajo antes de integrarnos con el Todo es para lo que estamos aquí y ahora. La montaña es como una olla exprés que contiene al vapor. Te lo explico de una manera sencilla, aunque el trasfondo no sea así de fácil. Las montañas son la olla que puede contener nuestra alta vibración, la cual sólo puede ser almacenada en un recipiente con la cantidad suficiente de magnetismo, es por eso que estamos aquí reunidos."

—Maestro, y ¿qué pasa con los seres llamados extraterrestres? —le pregunté.

—Sabía que lo preguntarías. Sucede algo muy similar: su vibración también es diferente a la corporalidad humana y, por lo tanto, nuestros sentidos no están diseñados para captarlos, lo cual no quiere decir que no existan. Ellos también emplean estos centros de alto magnetismo para reconformar su estructura y sus medios de transporte. Desgraciadamente, el ser humano cree que es el único habitante del universo. Como dijo uno de los grandes sabios: "Qué desperdicio de espacio". Algunos seres extraterrestres también se encuentran trabajando en este proyecto, y que muy pronto lo conocerás.

—Hablas de un cambio corporal en cada una de las células debido a la alta vibración producida en el cerebro por el amor y por el poder de las edificaciones construidas en la antigüedad; sin embargo, aún no me queda claro cómo es posible el cambio dimensional. Disculpa, pero mi mente lógica y científica no puede aceptar algo como dogma, de alguna manera necesito entenderlo desde la razón.

—¿Crees que eres el único al que le pasa esto? ¿Y si yo te dijera que hoy en día a un gran número de seres humanos les pasa exactamente lo mismo que a ti? La palabra clave de hoy es: duda. Muchos dudan de los dogmas que les fueron inculcados a través de cultos religiosos, los cuales fueron maravillosos en la antigüedad, pero hoy en día no sólo ha evolucionado la tecnología, también lo ha hecho el entendimiento humano, y esto ha llevado a que muchas personas se cuestionen las grandes incógnitas del alma.

"El nuevo camino para las iglesias y las religiones será dejar atrás los dogmas y a los grandes líderes espirituales para transformarse en instructores que verdaderamente expliquen todos los misterios de la vida, si es que en realidad pueden hacerlo. Si no, creo que sería mejor hablar con la verdad y reconocer que desconocen las respuestas, lo cual les daría mucha más credibilidad, pero todo esto es parte del gran cambio de lo cual más adelante hablaremos."

"Por el momento, ya que quieres una explicación más profunda sobre el cambio celular, continuaremos con ello. Uno de los grandes misterios de la ciencia es que el cerebro humano sólo funcione al diez por ciento de su potencial y, de forma curiosa, el ADN humano sólo esté despierto en un ocho o diez por ciento. Suena interesante esta correlación entre ambos, ¿no crees?"

"La ciencia había llamado al ADN que no está despierto "ADN basura", porque se creía que no servía para nada. Pero resulta totalmente ilógico pensar esto, sobre todo hoy en día que se han hecho tantos descubrimientos sobre el genoma humano. ¿Qué hay en ese ADN dormido? Esa es la gran pregunta. Resulta interesante saber por qué nadie se ha planteado esta relación entre la capacidad cerebral utilizada y el ADN despierto. El porcentaje es casi el mismo. Nunca se habían planteado la posibilidad de que dentro de ese ADN dormido estuviera la llave para abrir la nueva puerta en la evolución del ser humano. Lo que sucede es que otra vez, nuestro pensamiento tridimensional nos lleva a esto, pero si cambiamos esta forma de pensar y creemos en otras dimensiones, ¿no esconderá este ADN dormido un mayor potencial cerebral? Y, sobre todo, el poder de dar el brinco ontológico como lo hicimos hace cien mil años, al pasar del Neandertal al *Homo sapiens*."

"Aquí está la clave: si cambia el ADN o, mejor dicho, si despierta, nuestro cuerpo manifestará cambios de inmediato, y no serán los cambios físicos que normalmente pensaríamos, porque sería imposible que nos saliera otro brazo, otra pierna u otro ojo, por ejemplo. Basta con recordar a algunos grandes maestros como Jesús, Buda, Zaratustra y muchos otros. ¿Acaso ellos tenían un brazo más, una pierna más o un ojo más? Por supuesto que no, ellos eran capaces de realizar hazañas asombrosas. Sólo recordemos que el gran maestro Jesús caminó sobre el agua, curó a moribundos y revivió a muertos, entre muchas cosas más. Él mismo dijo que lo que él hacía, todos lo podían hacer. ¿Qué sucedió, entonces, con este gran maestro si era igual a nosotros?"

"Si en esa época se hubieran podido realizar estudios de ADN, seguramente habrían encontrado un ADN mucho más despierto que el del resto de los humanos. Ya sé lo que te estarás preguntando, ten paciencia. Recuerda que nuestra comunicación no es verbal, es mental."

"El ADN está formado por cuatro nucleótidos. La forma en que se van acomodando dará todo el potencial del mismo mostrando físicamente nuestras características, como el color de ojos, pelo, carácter, etcétera. Es, por llamarlo de alguna forma, el mismo sistema binario de una computadora. Pues bien, de estos cuatro nucleótidos, aunque su conformación bioquímica los hace muy estables, hay uno de ellos que puede activarse: la timina, y esto se debe a que es muy sensible a dos factores: a la luz ultravioleta y, principalmente, a las altas vibraciones. Esto está muy relacionado, ya que el rango de la luz el ultravioleta es el de más alta vibración. ¿Qué sucede entonces si alteramos la timina? Pues que de igual manera se alterará al resto del ADN, porque está relacionada con el ADN mensajero, que es el que trasporta los cambios de una hélice de ADN a otras. Si cambiamos o estimulamos la timina, entonces se estimula toda la molécula de ADN."

"Es por eso que las altas vibraciones producidas por nuestro cerebro y por el sentimiento de amor incondicional ocasionan cambios en el ADN. Además, también lo modifican algunos artefactos como las pirámides de la antigüedad, que por la energía que generan, al estar dentro de ellas se aumenta la vibración de las moléculas y así el ADN iba despertando. Cuando en la antigüedad se hablaba de la iluminación, hoy lo entenderíamos como esta activación de la timina por la luz.

—Me está quedando muy claro el concepto —comenté—. Si despertamos la timina con luz o alta vibración, ésta despertará nuestro ADN, y esto se transmitirá a cada una de nuestras células. Sin embargo, por lo visto a los grandes iniciados les llevó mucho tiempo y esfuerzo poder lograrlo.

—Sí —me confirmó—, no fue un camino fácil. Requirieron de mucha voluntad y amor; pero te tengo buenas noticias, y es precisamente por lo que estás aquí. Hoy en día existe la gran posibilidad de lograr este cambio, pero no sólo unos cuantos iniciados, sino todos los seres humanos del planeta.

—A ver si entiendo bien —le dije intrigado—. Hoy en día no existen los grandes maestros de la antigüedad. Ellos, con toda su sabiduría, no pudieron lograr el gran cambio en la humanidad, y me estás diciendo que hoy en día, cuando precisamente carecemos de ellos, ¿se puede lograr? En realidad no suena muy lógico lo que me dices.

—Definitivamente estoy de acuerdo, sin embargo, déjame explicártelo por pasos. El camino que los grandes maestros recorrieron fue indispensable para lo que sucede hoy en día. Sin sus enseñanzas y, sobre todo, sin su ejemplo, aun con las condiciones especiales que vivimos hoy en día, no hubiera sido posible. Pero, como te dije antes, este es el momento, la gran oportunidad que esperó la humanidad por cien mil años.

—¿Podrías ser más explícito respecto a esa oportunidad y esas condiciones especiales de las que hablabas? —le pregunté.

—Sólo te mencionaré una fecha, y tu mente me dirá si te suena conocida: diciembre 21 de 2012.

—Por favor, ¿cómo me preguntas si me suena conocida esa fecha si desde hace varios años no se habla de otra cosa? La fecha determinada hace más de 1500 años por los mayas, principalmente por el gran iniciado Pakal; la misma fecha de la que habló Nostradamus, la Biblia, los sumerios, los indios Hoopies de Norteamérica... Creo que hoy en cualquier buscador de Internet, con sólo teclear esa fecha, aparecen cientos de mensajes e información sobre ella. Desde hace varios años, nuestro grupo de neurociencias estudia el por qué y para qué de esa fecha. Ha sido tan importante, que algunos grupos se han dedicado a crear búnkeres para ese supuesto holocausto; sin embargo, nosotros lo hemos estudiado desde la ciencia y la lógica y, al parecer, aquello de lo que hablaron los mayas se ha ido cumpliendo en su totalidad. Es increíble el conocimiento de esta cultura de la antigüedad, en especial si sabemos que no tenían los recursos con los que contamos hoy en día: computadoras, observatorios, telescopios, etcétera, pero sus predicciones de eclipses solares, magnetismo terrestre y cambios del Sol han sido exactos.

—Así es, estás en lo cierto —me dijo el Maestro—. Los mayas fueron una de las grandes culturas de la antigüedad, y no sólo pudieron hablar y predecir estos cambios, sino que, al parecer, y sin que la ciencia pueda comprobarlo, lograron la transmutación en masa. En otras palabras, un gran grupo de ellos traspasó el portal interdimensional, como lo hice yo y otros seres de la antigüedad. Pero ellos lo lograron en grupo, lo que resulta muy interesante de analizar. Además, predijeron que en esa fecha específica del año 2012 iba a haber un gran cambio en la humanidad.

"Si la comunidad científica sigue con oídos sordos a todo este conocimiento, es solamente por el ego lógico que dice que es imposible creerle a unos indios ordinarios que vivieron hace 1 500 años. Así se ha manejado la ciencia. Quiero decirte que en la historia de la humanidad, cuando de pronto existe algo que puede destruir todo lo que los grandes científicos han escrito y con lo cual obtuvieron prestigio, fama y recursos materiales, de pronto se viene abajo todo porque es una apariencia que cae por tierra. Todo su gran bagaje de ego."

"Así ha sido el ser humano desde siempre. Hoy en día no les queda otra opción más que aceptar humildemente que viene una gran cambio y que está más allá de todo su ego, de su conocimiento y sus ansias de poder."

—Déjame recordar un poco —dije—. Los mayas predijeron el eclipse total de Sol de 1999 y hablaron de que a partir de él se abriría un portal en la Tierra para el gran cambio, el cual iba a ser precedido por alteraciones en el campo magnético de la Tierra y del Sol. La ciencia nunca pudo explicarse cómo habían logrado llegar a cálculos tan exactos en relación con los movimientos terrestres de nuestro sistema planetario y, no sólo esto, también los de nuestra galaxia. Hasta hoy en día, con toda la tecnología con la que cuenta el ser humano, lo ha calculado. Pero los mayas, desde 300 años antes de Cristo ya lo habían predecido exactamente, no en días u horas, sino en segundos. Sabían exactamente el tiempo del recorrido del planeta alrededor del Sol, el tiempo en que tardaba el sistema solar en dar una elipse sobre la galaxia. Era un pueblo maravilloso. Por eso resulta ilógico que hoy en día muchas personas ignoren que esas profecías no parten de un conocimiento mágico, sino de conocimiento lógico y científico de observación, ya sea que ellos lo hayan aprendido o que se les haya transmitido por culturas más avanzadas.

Sobre el tema, el Maestro sólo agregó:

—Aunque te podría dar la respuesta a esto, prefiero que partamos de lo comprensible por la mente humana.

—Tienes razón —le dije—. Lo que mi mente puede entender es que debemos hacer caso a estas profecías basadas en la exactitud de conocimientos astronómicos y matemáticos de culturas que superaron por más de mil años a las más avanzadas de su época.

—Regresando a las profecías —continuó el Maestro—,

los mayas hablaban de que cada 5 125 años, nuestro Sol recibe una descarga energética desde el centro de nuestra galaxia. Es como poner en sintonía a todos los soles de la misma. También calcularon que nuestro sistema solar recorre una elipse con relación al centro de la galaxia con una duración de 25 625 años. Dividían a ésta en dos, en 12 800 años, dependiendo de lo más cercana o lejana del centro de la galaxia, como la noche y el día.

"Al dividir esto entre cinco, el resultado era igual a los 5 125 años de cada era. Las últimas cinco eras eran como la noche de los tiempos, lo más oscuro. Eso quiere decir que los últimos siglos serían los más obscuros de la humanidad. Sin embargo, como la noche y el día, el momento en que la noche es más oscura indica que el nuevo día se acerca. Este es el momento que vive la humanidad, pasar de la oscuridad a la luz. Pero es la luz más intensa, ya que es cuando más cerca se encuentra del centro de la galaxia."

"Este periodo de transición lo calculaban en veinte años llamados 'el tiempo del no tiempo', el cual se inició en 1992 para culminar el 22 de diciembre de 2012. A partir de esta fecha inicia el periodo del sexto sol, la era en la que, según los mayas, el ser humano haría un cambio evolutivo nunca antes visto. Una época nueva en la que la raza humana viviría en un estado de luz y de felicidad, libre de miedo, materialismo y sufrimiento. También mencionaban que este proceso sería como un parto: antes de nacer el nuevo ser, existe un momento de prueba y de dolor. Como cuando estamos por nacer que pasamos por el canal del parto y todo nos comprime, y existe oscuridad y dolor antes de ver la luz de una nueva vida."

"Este trabajo de parto se inició, según los mayas, el 11 de agosto de 1999, con el eclipse anular de Sol, el cual tan exactamente habían predicho. A partir de este momento, el ser humano estaría expuesto a cambios muy importantes, y no sólo él, sino también el planeta donde mora. A partir de esa fecha empezaron a manifestarse diversos cambios planetarios de gran trascendencia, como el aumento de la resonancia de Schuman, que es la vibración o pulso del planeta, como los latidos del corazón. Durante muchos años y hasta 1996, esta resonancia se mantuvo en 7.8 hertz. Después, en 1999, se elevó hasta 11.7 hertz. Actualmente alcanza 13 hertz. ¿Qué más pruebas? Es como si el corazón de una persona se mantuviera durante toda su vida en 60 latidos por minuto, y de pronto subiera al doble, las consecuencias serías graves."

"Por otro lado, el campo magnético de la Tierra, desde entonces, ha ido disminuyendo debido al cambio de polaridad del mismo, lo cual no significa que el planeta se voltee de cabeza. A nivel magnético, el norte sería ahora el sur. Esto se ha comprobado por la NASA, observando las capas de lava de algunos volcanes en Hawaii, en donde se observa que la dirección de las mismas es hacia un polo, y cada cientos de años cambia hacia el otro polo."

—Esto quiere decir que el cambio de polaridad ya ha sucedido en otras ocasiones, ¿por qué entonces ahora es tan importante? —le pregunté.

—Claro que ha sucedido antes, pero nunca había coincidido ese cambio magnético con el momento en que el centro de la galaxia lanza esa descarga hacia el Sol. Cuando empieza la inversión de la polaridad de la Tierra, lo que sucede es que disminuye el campo magnético de la misma, es como un escudo que la protege contra las descargas de iones del Sol, fenómeno que por primera vez se conjunta desde la historia de la humanidad.

"Por un lado, la disminución del campo magnético terrestre, es decir, la pérdida de su escudo y, por otro, el aumento de la actividad solar. Es como si en lugar de colocar agua para hervir en un recipiente de barro grueso, la colocáramos en uno de metal delgado y, además, en lugar de exponerlo a la flama de la estufa en su mínima intensidad, la pusiéramos al máximo. Lo que sucedería es que el agua herviría mucho más rápido, porque sus moléculas se moverían más agitadamente. En la Tierra sucede lo mismo, por eso aumenta la pulsación de la misma."

Sobre este tema, yo agregué:

—Los mayas hablaban de que en esta época la actividad

volcánica, huracanes terremotos aumentaría, y que el ser humano se volvería más intolerante y agresivo, favoreciendo los conflictos bélicos. Bueno, es exactamente lo que en nuestra tercera dimensión estamos viviendo en estos tiempos. Nunca antes había existido tal actividad volcánica, terremotos, tsunamis y huracanes por año, y qué decir del comportamiento humano cada vez más agresivo e intolerante. Pero entonces ¿dónde está lo positivo de todo esto? Sólo huele a catástrofe y, además, los seres humanos no podemos hacer nada contra esto.

—Esa es una de las posibilidades. El famoso Apocalipsis de San Juan en la Biblia… Pero recordemos que también los mayas hablaban de que sería el momento para el gran cambio evolutivo de la especie humana y, es por eso, precisamente, por lo que nos encontramos hoy hablando de todo esto.

"Por el momento ya no discutiremos más de lo que pasó o probablemente vaya a pasar, sino de que la razón por la que estás aquí es para que sepas qué pasó exactamente en el 2012."

Ahora sí me sentí desconcertado, y le dije:

—A ver, aún no acabo de digerir bien mucha de la información que me has transmitido. Todo suena muy lógico, pero ¿cómo es posible que me hables de lo que *pasó* en el 2012 si apenas estamos en el 2007?

—De nuevo la duda y el pensamiento tridimensional —me contestó—. ¿Sabes cuál es la cuarta dimensión?

—Por supuesto, espacio/tiempo…

—Muy bien, y ¿qué pensarías si te dijera que después de esa dimensión, por lógica, ya no existe el tiempo? ¿Se te hace muy difícil entender que nosotros, desde esta dimensión y dentro de esta montaña, podemos trascender al espacio y al tiempo? ¿Que podemos, entonces, ser testigos de lo que ocurrió en el pasado, ocurre en el presente y ocurrirá en el futuro? Aquí no existe el tiempo ni hay barreras en cuanto a esto, así que si tu mente se encuentra dispuesta y, sobre todo, abierta, prepárate para saber lo que sucedió en el 2012.

8

¿Qué sucedió en el año 2012?

Me sentía realmente intrigado y asombrado por lo que el Maestro de Luz me decía. Estaba a punto de conocer el destino de la humanidad.

—¡Soy todo oídos o todo mente! —le dije—. Déjame respirar un poco porque esto sale de cualquier expectativa que hubiera podido tener antes de acudir a este lugar. No puedo negarte que todo lo que ha pasado es más lógico explicarlo como un sueño, sin embargo, dentro de un sueño es difícil que alguien transmita una información tan lógica y coherente como la que me has dicho en estos últimos momentos. Esto, por lo visto, no puede ser un sueño. Te repito, mi cerebro no estaría capacitado para estructurar todo esto si se tratara de una ilusión. Aun en mis sueños lúcidos tuve muchas ideas para plasmar nuevas visiones arquitectónicas o de funcionamiento cerebral, pero toda esta información se sale de ese contexto. Creo que necesito respirar porque lo que voy a oír es demasiado fuerte.

—Yo no lo llamaría fuerte, más bien lo describiría como bello e increíble, nunca antes visto, maravilloso. Los adjetivos quedan cortos respecto a todo lo que pasó. En lugar de verlo como algo fuerte, relájate y obsérvalo como verías un nuevo amanecer.

"Muchas personas piensan que los cambios sucederán en el año 2012, pero en realidad estos comenzaron a ocurrir desde 1945, después del bombardeo de Hiroshima. Mucha gente murió, muchos seres humanos fueron afectados en forma negativa por las radiaciones, pero, afortunadamente, como en todo, algo positivo resultó de la desgracia. La radiación de estas bombas no afectó solamente a la zona de las islas de Japón, sino que se extendió por todo el mundo y la explosión afectó en dos aspectos."

"Desde el punto de vista psicológico, la humanidad se dio cuenta de que tenía la posibilidad de destruir este mundo, y aun a los líderes más desquiciados ¿de qué les serviría emprender un acto bélico de esa índole, si al final no existiría planeta que gobernar? Nació, por llamarlo así, el *Homo convivens*, como lo ha nombrado el conocido neurofisiólogo Manuel González, un ser humano más dispuesto a convivir con el resto del planeta, quien empezó a darse cuenta de que una nueva opción era un mundo más globalizado."

"Aparentemente, no sucedió gran cosa, porque los conflictos entre países continuaron, pero más que buscar la aniquilación de una nación, su propósito era obtener el poder económico al vender armas y echar a andar la industria de la guerra. Aunque, por supuesto, todos estos líderes son seres sin conciencia y siguen promoviendo las guerras como un gran negocio. Pero hay una especie de pacto como para no emplear armas nucleares aunque aparentemente se amenacen con las mismas."

"La otra forma en la que afectó el estallido de la bomba en Hiroshima fue precisamente esa radiación. Sabemos que la radiación produce cambios genéticos y esto se ha observado desde las catástrofes de Hiroshima y Chernobil. La radiación tan alta que se generó en esos lugares produjo cambios en el ADN de la población, que trajo consigo cáncer y deformidades genéticas, entre otros trastornos. Pero la radiación en pequeña escala puede, de alguna manera, también fomentar el despertar del ADN."

"Basta simplemente con hacer un cálculo matemático. Vamos a analizar a la población de varones que en el año de 1945 (que fue cuando explotó la bomba atómica) tuviera entre 16 y 18 años y que estuviera expuesta a radiaciones de baja intensidad, que de alguna forma fueron benéficas; y me refiero exclusivamente a los varones, porque si llegara a producirse un cambio en el ADN, sólo el hombre puede trasmitirlo, ya que la mujer nace con el número total de óvulos que producirá durante toda su vida, ni más ni menos. En cambio, el hombre produce espermatozoides todos los días, así que cualquier cambio en el ADN puede transmitirse a su descendencia."

"Volviendo a la hipótesis anterior, los hombres de todo el mundo que en 1945 tuvieran alrededor de 16 a 18 dieciocho años, probablemente hayan tenido hijos que nacieran entre los años 1950 a 1953."

"En 1968, los niños nacidos entre los años 1950 a 1952, eran jóvenes de edades entre 16 a 18 años. Recordemos el inicio del movimiento para la paz mundial de los hippies, que es cuando el mundo empieza a tomar conciencia sobre la unidad mundial y la creación de comunas en donde el materialismo empieza a perder fuerza."

Por otro lado, en 1986 estalla la central nuclear ucraniana de Chernobil. Analizando nuevamente a los jóvenes de todo el mundo que en ese entonces tuvieran entre 16 a 18 años de edad, quienes fueron afectados indirectamente por la radiación generada por esa explosión, tienen hijos que nacen a partir de 1991, que es el año en que empiezan a nacer los famosos niños índigo, esos pequeños que tienen una inteligencia más desarrollada, que ya no pueden ser controlados con regaños y golpes, que no toleran la injusticia, que su alimentación, aunque no sea perfecta, les permite procesar alimentos no nutritivos y, lo que más destaca, es que aparentemente su ADN se encuentra más despierto." Porque, aunque científicamente no se haya analizado si el número de cordones que forman su ADN están más activados, estos niños por supuesto son mucho más inteligentes y su comportamiento social es completamente diferente, ya que no toleran la injusticia ni la agresión. ¿No te habla todo esto de una evolución del ADN?"

- "Entonces, lo que sucede es que el humano empieza a experimentar cambios en su ADN originados por eventos radioactivos. Así, se inicia la preparación para el cambio. El movimiento *New Age,* que busca el despertar de la conciencia del ser humano y la paz mundial, inicia primero como algo aislado, más bien limitado a algunas sectas; pero a partir de 1999, empieza a expandirse y se genera un movimiento mundial de búsqueda de la espiritualidad y el despertar de la conciencia."

"Si alguien tuviera duda de la fuerza de este movimiento, sólo basta revisar cuantos libros relacionados con el tema se han empezado a publicar a partir de esa fecha; cuando antes de 1999 era muy extraño encontrar publicaciones de este tipo."

—Disculpa que te interrumpa —le dije—, pero sólo quiero reafirmar lo que dices. Tan sólo desde la experiencia de nuestro grupo de neurociencias, cuando iniciamos los talleres de despertar de la conciencia, teníamos dos eventos al año, y el máximo de asistentes por taller no superaba los ocho o diez participantes. Tres años después, impartíamos de cuatro a cinco talleres al año, con la asistencia de veinte o veinticinco personas. Hoy en día, damos ocho talleres al año y tenemos que limitarlos a cuarenta y cinco asistentes, para hacer un buen trabajo, pero siempre quedan personas en lista de espera.

—Lo sabemos, por supuesto. ¿Crees que no hemos estado observando el trabajo que han llevado al cabo? ¿Crees que las ideas sobre los nanotubulos o la transmisión de información a través de los fotones, han sido idea de ustedes? No usen el ego. Nosotros hemos estado interviniendo para —como dicen ustedes— echarles una manita. Claro, sin demeritar su esfuerzo.

"Pero continuemos. La cantidad de huracanes ha ido en aumento cada año, así como se ha incrementado el número de eventos de terremotos y tsunamis. Esto sólo significa que efectivamente existe un cambio climático en la Tierra, que en gran parte ha sido culpa de los humanos por todo el consumismo y la necesidad de continuar empleando vehículos de combustión interna. Todo eso que ya sabe de memoria la humanidad, ni Kyoto ni nadie lo resolvió. Pero, por otro lado, existe algo de lo cual el humano no tiene la culpa, que es la disminución del campo magnético de la Tierra y el aumento de las radiaciones solares."

"Sé que para muchas personas esto significa el holocausto. Ya hablaremos más tarde de lo que en realidad pasó. Vamos por orden. Primero revisaremos este fenómeno desde el punto de vista físico, y voy a partir de éste para que entiendas cómo y por qué sucedió lo que sucedió en el 2012."

"Para lograr que un electrón brinque de su órbita hacia otra, se requiere de gran energía. A esta acción se le conoce como 'salto cuántico'. Cuando un electrón logra dar ese brinco, todos los demás lo hacen. Para llevar una secuencia lógica, entonces, vamos a enumerar las condiciones necesarias para que el ser humano logre un cambio evolutivo":

1. Despertar su ADN dormido o "basura".
2. Lograr un brinco cuántico.
3. Que lo que logre un individuo también lo consiga el resto de la humanidad.

"A partir de la detonación de la bomba atómica en Hiroshima se inició el despertar del 'ADN basura'. Unos años después, se produce la radiación producida por la explosión de la planta nuclear de Chernobil y, casi de inmediato, con esa nueva radiación, se originó el incremento del nacimiento de niños índigo. En los últimos años, cada vez más humanos se unen en grupos para orar o meditar. Esta meditación u oración crea, evidentemente, una alta vibración de amor a nivel mundial que también ayuda al despertar del ADN, ya que, como comentábamos, las altas vibraciones generan la activación de la timina, uno de los cuatro nucleótidos del ADN, y ésta, a su vez, estimula a toda la molécula de ADN."

"Aunado a todo esto, a partir del 2007 aumenta la radiación solar por los rayos ultravioleta y por las descargas y el bombardeo de taquiones desde el Sol hasta la Tierra, además de la disminución del campo magnético, todo lo cual genera un gran bombardeo sobre el ADN, ya que, de igual forma que las altas vibraciones, también la luz ultravioleta y los taquiones actúan sobre la timina e influyen en el despertar del ADN."

"Como siempre sucede, todo tiene un lado negativo y un lado positivo. Y, si sabemos leer entre líneas, las grandes catástrofes nucleares han ayudado a despertar la conciencia dormida."

"Sí, murieron muchas personas y otras tantas sufrieron severos daños con la bomba de Hiroshima, pero tuvo un lado positivo, que fue el impacto de las radiaciones menores en las moléculas de ADN; lo mismo sucedió con Chernobil. Y, si analizamos el aumento de la radiación solar, que genera severos daños tanto en el ser humano, como el cáncer de piel, y en las condiciones climáticas del planeta, también vemos que tiene su lado positivo al impactar en la molécula de ADN y estimularla a que despierte su parte dormida."

"La Tierra, como ya explicamos, está aumentando su vibración casi al doble en los últimos años (resonancia de Schuman), y si a esto se le agrega la descarga de taquiones, que son partículas subatómicas más veloces que la luz, imagina la cantidad de energía a la que empezamos a estar sometidos. Sabemos que para que un electrón brinque de su órbita requiere de alta energía, y eso es, precisamente, lo que está sucediendo en estos momentos."

"Existe un fenómeno conocido como 'mono cien masa crítica', que se presenta cuando un número determinado de seres humanos logra aprender algo, y de manera 'espontánea', el resto también lo aprende. Así es, precisamente, como tanto tú como otros seres humanos participaron en el gran cambio de 2012. Es por eso que te encuentras aquí en estos momentos."

—¡Eso significa que verdaderamente podemos ayudar al gran cambio de la humanidad! —dije muy entusiasmado.

—Por supuesto. De nada servirían todas las coincidencias planetarias si no se cumpliera con el número determinado de seres humanos en conciencia. Pero antes de decirte cuál va a ser tu participación, déjame describirte qué sucedió en estos años que faltan para llegar al 2012. De esta forma te sentirás más comprometido con el cambio. Siempre es mejor saber que el esfuerzo que empleamos en algún cometido en nuestra vida nos dará frutos. Imagina tu gran compromiso y todo el esfuerzo que implicará cuando conozcas el resultado de este trabajo.

"¿Qué sucedió, entonces, en estos escasos cinco años que faltaban para el 2012? Desde el punto de vista climático, se incrementó el número e intensidad de los desastres naturales: ciclones, terremotos, erupciones volcánicas, etcétera. Muchos seres humanos murieron, y su muerte no fue en balde, ya que esto originó un movimiento mundial de ayuda a los pueblos necesitados; además de crear una conciencia globalizada sobre la preocupación por el resto de la humanidad. Se crearon muchísimas instituciones de ayuda en todo el mundo. Los grandes capitales donaron parte de su dinero para financiar a esas instituciones, en un principio basados en un interés meramente fiscal, pero después la ayuda se fue dando de una manera desinteresada. Los fondos reservados para ayuda a catástrofes se fueron convirtiendo en ayuda a los países tercermundistas para lograr un mejor *modus vivendi*. Las grandes potencias ayudaron a los pequeños pueblos, las diferencias económicas fueron disminuyendo año con año, y los países pobres se convirtieron en prósperos."

"Los pueblos de África y de América del Sur resurgieron como grandes productores de alimento y mano de obra calificada y bien pagada. El hambre, gracias a todos los apoyos económicos, se fue convirtiendo en historia."

"La educación tuvo que cambiar por completo, debido al aumento de niños índigo. Se transformó de una educación tradicional, en la cual el niño y el joven sólo asistían a un salón de clases para estar sentados escuchando por horas y horas de su vida la misma geografía y la misma historia. En lugar de salones como tales se fomentó la enseñanza al aire libre en granjas en donde los niños aprendían a cultivar la tierra y a convivir con los animales. Aprendieron lo verdaderamente importante. Todos tenían que conocer sobre tres enseñanzas básicas relacionada con tres miedos básicos:

1. El miedo a perder la salud. En todas las escuelas se agregó una cátedra de medicina básica para que todos entendieran el funcionamiento corporal y aprendieran a prevenir enfermedades, en lugar de cómo curarlas.

2. El miedo a perder la libertad. Se incluyó una cátedra sobre leyes para que nadie pudiera ser extorsionado por desconocimiento de las mismas.

3. Miedo a perder la vida. En todas las escuelas, la cátedra de filosofía fue obligatoria, y no sólo la filosofía

clásica, sino todo el conocimiento sobre el despertar de la conciencia y sobre lo que hay después de la
muerte.

México fue uno de los pioneros, ya que fundó la primera Universidad de la Conciencia, en el 2008.

"Las religiones jugaron un papel muy importante, porque dos años antes de 2012, olvidaron sus diferencias y se
unieron en una enseñanza de amor incondicional, sin im-
portar los credos. Le devolvieron su poder a la humanidad
mediante el conocimiento lógico de sus misterios. Cada uno
de los nombres de los grandes maestros de la antigüedad,
sobre los cuales se fundaron las iglesias y templos, se convirtieron de verdad en maestros accesibles como humanos
y no como semidioses inalcanzables."

"De esta manera, en lugar de perder poder, las religiones granaron credibilidad, porque lograron que en lugar de ser
borregos, los feligreses se convirtieron en leones. Como la
famosa parábola, que cuenta que en una ocasión una leona
perdió a su cachorro y éste fue adoptado por un rebaño de
ovejas. Cuando creció, él pensaba que era una oveja, no un
león. Por eso, un día en que se encontró con un león, corrió
despavorido. El león fue detrás de él y cuando lo alcanzó, el
cachorro le suplicó que no lo devorara. El león le dijo: 'Yo
no quiero lastimarte, sólo quiero pedirte que me acompa-

ñes a ese espejo de agua para que sepas quién eres.' Cuando el pequeño león vio su reflejo en el agua, comprendió cuál era su verdadera naturaleza y lanzó un fuerte rugido."

"Eso mismo hicieron las iglesias y religiones. Por fin le mostraron al ser humano lo que es de verdad y no aquello que había creído ser durante casi cien mil años. El humano, al darse cuenta de su poderío, en lugar de embelesarse en el ego, empezó a utilizarlo para ayudar a los demás. Las iglesias y los templos se abarrotaron todos los días, era increíble ver cómo en un templo católico convivían judíos, musulmanes, sufis, budistas, hinduistas, etcétera. Todos en meditación para comunicarse en conjunto con la Gran Mente. Las sectas sufrieron también un cambio importante, todas aquellas que creían en el Apocalipsis y que se habían retirado para fabricar búnkeres donde pasar el supuesto fin del mundo de 2012, razonaron, y les fue muy sencillo comprender que de nada les serviría sobrevivir a un holocausto si de cualquier forma iban a morir diez o veinte años después. Comprendieron que lo que esperaba en ese año no era el final, sino el principio de algo maravilloso. Fue entonces cuando abandonaron sus miedos que contaminaban al mundo y se unieron en un movimiento de amor incondicional por toda la humanidad."

"Las guerras continuaron hasta el finales del 2009. Después de este año un compromiso mundial de *no agresión*

creó una nueva organización mundial que empleó todos
los medios económicos que originalmente se destinaban
para la fabricación de armas, a crear una alternativa energética que permitiera dejar de contaminar al mundo. Desde
el 2010 ya no se fabricaron automóviles cuya fuente energética fuera el petróleo, en su lugar se empleó energía solar,
alcohol de caña e hidrógeno. La siembra de caña no afectó
las otras, ya que con cambios genéticos se creó una caña de
azúcar que pudiera crecer en el desierto, la cual necesitaba
menos agua, que se obtenía a través de un proceso de foto-
síntesis del hidrógeno y del oxígeno de la atmósfera."

"Imagina cómo se verían el desierto del Sahara o el de
Baja California cubiertos de plantíos de caña de azúcar.
Esto favoreció también las lluvias en esas regiones, que
nuevamente iniciaron un proceso de fertilidad, y así con-
tribuyeron a evitar la escasez de alimentos en el mundo.
Esto no afectó la economía mundial, ya que el petróleo se
continuó usando, pero para la fabricación de viviendas con
base en plásticos reforzados, se crearon viviendas en todo
el mundo hechas con este material, similares a los iglús,
con un sistema de aislamiento en las paredes para climas
cálidos y otro para los climas fríos. Tenían una forma de
anclado en tierra que evitaba el empleo de cimentación y,
al mismo tiempo, debido a su forma y al anclado, resistían
a los huracanes y tornados más fuertes. Al ser prefabricada,

una casa de este estilo podía terminarse en tan sólo dos o tres semanas, además no se requería de energía eléctrica, ya que los techos estaban forrados de celdas fotoeléctricas."

"Utilizando el bagazo de la caña de azúcar se creó un sustituto del papel higiénico, el cual, al contacto con el agua, se degrada de inmediato. Imagina cuántos árboles se dejaron de talar por este motivo."

"Retomando lo que en 1968 se conocía como comunas, se empezaron a crear comunidades bien organizadas que compartían ciertos gastos de mantenimiento, pero al mismo tiempo el cuidado de los hijos, con lo cual muchas mujeres pudieron trabajar y realizarse en sus profesiones. Algunas preferían cocinar, otras cuidar niños, otras salir a trabajar. Cada familia era independiente y una célula en particular, pero en su funcionamiento estas comunidades comenzaron a reproducirse en todo el globo terráqueo. El consumismo comenzó a disminuir y, en lugar de que circularan varios automóviles por comunidades, las famosas rondas para llevar y traer a los niños a la escuela, ahora también se empleaban para ir al trabajo. La soledad, que había sido la causa de tantas depresiones, disminuyó, ya que en estas comunidades la gente se relacionó mucho más y siempre existía alguien con quién platicar y compartir."

"Como te mencionaba, la enfermedad sufrió un gran cambio. La alta vibración en muchos seres humanos que, por decirlo de alguna manera, estaban en sincronía con la armonía, hizo que su sistema inmunológico se adecuara a esta vibración, y así las enfermedades comenzaron a disminuir. Por otro lado, aquellos que lograban aumentar su vibración cerebral, adquirían la capacidad de sanar con las manos, lo cual se convirtió en algo muy común y muchos comenzaron a practicarla."

"Esto es tan sólo parte de lo que cambió en estos años por venir, pero la forma en que se inició todo esto, es lo que precisamente vamos a platicar ahora."

"¿Recuerdas lo que hemos hablado sobre resonancia mórfica, la comunicación entre cerebros y la información fotónica? Bueno, pues todo esto lo está viviendo la humanidad hoy en día; sin embargo, para que ésta estuviera preparada para los eventos de 2012, se necesitaba de cierto número de seres humanos vibrando en la misma sintonía."

—¿Me estás hablando de los 144 000 de los que habla la Biblia? —le pregunté.

—Pueden ser los 144 000, "el mono cien" o lo que quieras. Pero para lograr el cambio se necesitaba de determinado número de cerebros vibrando en sintonía, de lo contrario, de nada serviría esa gran implosión electromagnética y de luz del 2012. Como verás, existían dos opciones: una era aprovechar ese momento para el gran cambio evolutivo, y la otra consistía en simplemente perder una vez más la oportunidad. Pero las condiciones planteadas en esta ocasión son mucho mejores que en épocas pasadas. Y si este tipo de comunicación se está dando con algunos de ustedes es porque en esta ocasión sí pudo lograrse. Como te dije, puedo explicarte lo que pasó en el 2012, pero puede haber otra alternativa. De lo contrario, no estaría contigo en este momento."

"Todo esto que estás ahora conociendo, aunado a lo que has aprendido y, principalmente, a tus vivencias, te convierte en una pieza importante para el gran cambio. Tú, como muchos otros que serán contactados, tendrán la obligación de trasmitir e informar sobre estas verdades. En tu caso, tratándose de un ser humano maduro en edad, exitoso en su profesión y que ha resuelto sus problemas materiales para sobrevivir, y que, además, tiene un acervo científico y místico, eres alguien que tiene credibilidad. No eres el gurú, ni el científico escéptico. No eres alguien que piense sobrevivir a través de lucrar con este mensaje o enseñanza. Analiza: eres alguien que dentro de los parámetros de hoy en día, cumple con muchos requisitos para poder hablar sobre este tema."

—Bueno, creo que tanto yo como nuestro grupo, estamos comprometidos y haciendo este tipo de trabajo —le comenté.

—¡Por supuesto que lo sabemos! Sin embargo, como te darás cuenta, queda muy poco tiempo, dentro de su tiempo espacial, para que llegue el 2012. Es por eso que nos atrevimos a contactarlos y a darles más información, para acelerar el cambio. Una forma de acelerarlo es la credibilidad en ustedes, tan sólo toma tu ejemplo. Por eso te pedí la recapitulación después de tantas experiencias que has tenido fuera del común denominador."

—Lo entiendo perfectamente, pero ¿qué quieres que haga además de lo que ya he estado haciendo?

—Mira, está perfecto que sigas impartiendo los talleres, sin embargo, éstos tienen que permear en muchas más personas. Es urgente hacerlo, porque queda poco tiempo. Otra forma es utilizar los medios de comunicación y, sobre todo, plasmar el mensaje en libros, ya que éstos pueden transmitir el conocimiento a más personas sin importancia de clases económicas, lugar de residencia o disponibilidad de tiempo.

—Entonces ¿lo que me estás pidiendo es que escriba un libro? —le pregunté sorprendido.

—Como te comentaba, es muy simple cuando un grupo de cerebros entra en la misma resonancia o pensamiento, pues se crea una base de datos a través de los fotones. Ellos pasan al resto de los cerebros y transmiten la información. De esta manera, la conciencia empieza a despertar por sí sola en todos los seres humanos, porque la información de miedo y sufrimiento que existía en el inconciente colectivo empieza a ser reemplazada por los pensamientos positivos de amor. Es como si en un cuarto oscuro prendieras una vela, esto es lo que harán exactamente los fotones con este tipo de conocimiento.

"Con respecto a los talleres, es muy importante continuar impartiéndolos, porque el cerebro de las personas que asisten a ellos se potencian como un radiotransmisor más potente. Es así como la información, después del trabajo cerebral de un taller, produce en los asistentes transformaciones energéticas muy importantes, y la calidad de los pensamientos que envíen será mucho mayor a la que tenían antes de tomar los talleres."

Si esto lo sumamos al trabajo que tu grupo de neurociencias está realizando, al demostrar la manera en que un cerebro puede afectar a otro, conduciéndolo a una hipersincronía con el simple hecho de producir ondas gama en el mismo de quien induce el cambio, ¡imagina a varios cerebros en el mundo funcionando a nivel gama, que es la más alta vibración! Indiscutiblemente, esto influiría de forma muy importante en el resto de los humanos. Se ha comprobado que cuando un cerebro entra en hipersincronía, esta palabra significa que en lugar de que cada hemisferio cerebral trabaje por su lado, como normalmente sucede, los dos hemisferios trabajarán al mismo tiempo, logrando así un potencial mayor del cerebro, es como si te pidiera que caminaras de cojito y luego con las dos piernas ¿cómo avanzarías más? Por supuesto utilizando la segunda opción. Con la hipersincronía cerebral, la persona experimenta una sensación de unidad con el todo, de paz y de amor."

"Como ves, no resulta nada utópico el planteamiento que estoy explicando. El cambio se dio porque existían las condiciones para lograrlo, tal como lo habían predicho las antiguas tradiciones."

—Entiendo muy bien de lo que hablas, porque estos estudios nos han apasionado muchísimo por sus resultados. Antes existieron otros seres que lograron ese estado gama e influyeron en su entorno, pero el cambio evolutivo no se pudo concretar.

—Sé de quiénes estás hablando, de los grandes maestros. Ellos llegaron a esto después de años de trabajo, de introspección y de meditación… Pero recuerda que en ese entonces las condiciones de la Tierra no eran las mismas que en la actualidad. Nunca antes en la historia de la humanidad se habían conjugado factores como la alta vibración terrestre, con la baja del magnetismo y la alta actividad del centro de la galaxia.

"Al coincidir estos factores, se facilita de forma exponencial el cambio cerebral. Por otro lado, en la antigüedad no existían los medios de comunicación que tenemos en la actualidad. Toma en cuenta que un fotón, al ser estimulado por una alta frecuencia vibratoria, aumenta también sus potenciales. De ahí que la información que hoy se transmita a través de algunos cerebros al inconciente colectivo, será amplificada."

—Pero esto también sucede con la información del miedo —agregué—. Los fotones llevan los dos tipos: miedo y amor; ellos no pueden decidir si ésta es positiva o negativa.

—De acuerdo —me dijo el Maestro—, por eso es tan importante que cada día haya más información coherente en el inconciente colectivo. De lo contrario, volverá a ser mayor la del miedo. Actualmente, puedes observar esto como una realidad. Nunca antes en la historia había existido tanto miedo e intolerancia en los seres humanos del planeta, esto nos confirma lo que te estoy explicando. Como siempre, existen dos posibilidades: son ustedes los que deciden por cuál avanzar. Pueden seguir como en estos últimos cien mil años o dar el brinco cuántico.

—Si mal no recuerdo hablaste de que esto había sido posible...

—Fue posible gracias al esfuerzo de muchos seres humanos y a la ayuda que enviamos desde esta dimensión.

—En el tiempo que llevamos hablando me ha estado asaltando una duda —le comenté— ¿Por qué esta ayuda?

Puedo pensar que sea por amor a la humanidad pero creo que existe algo más...

—Desde luego que existe algo más —aseveró el Maestro de inmediato—. Recuerda una verdad absoluta en el universo: lo que es bueno para ti y para el resto de los humanos, es lo coherente. Este cambio es, por supuesto, bueno y coherente para ustedes, pero también lo será para seres en otras dimensiones.

—Explícame mejor eso. ¿Cómo puede ayudar un grupo de humanos en una etapa evolutiva tan baja a otros seres dimensionales? Es como si de pronto un grupo de primates hoy evolucionara y se creara nuestro antecesor, el *Homo habilis*...

—¡Exactamente! Estás dándome la respuesta. ¿Crees que en la antigüedad, si no hubiera evolucionado un grupo de primates a *Homo habilis* y estos a *Homo sapiens*, existirías tú como tal? Esto es precisamente lo que sucede en el plan divino. Imagina seis círculos concéntricos dibujados sobre una hoja de papel. A cada uno le das el valor de cada una de las dimensiones y la hoja que los contiene es la séptima.

"El primero, segundo y tercero son las tres dimensiones conocidas. El cuarto círculo es la cuarta dimensión (espacio/tiempo), en donde no existe materia como tal, sólo vibración. Seguramente estarás de acuerdo en que dentro de la tercera dimensión existen diferentes especies:

desde la amiba hasta el ser humano están formados por lo mismo, la única diferencia es su escala evolutiva."

"Ahora imagina la cuarta dimensión. Dentro de ella existe el espacio/tiempo contenido y, por lo mismo, toda la información de todos los cerebros hasta el día de hoy. El noventa por ciento de ésta, por cuestiones de supervivencia de la especie animal de la tercera dimensión, está cargada de miedo y sufrimiento, y sólo un diez por ciento corresponde a pensamientos de amor y creación de belleza. Éste es el inconciente colectivo."

"Como ves, aun dentro de la cuarta dimensión, al igual que en la tercera, hay diferentes niveles. De pronto, algunos cerebros exploraron la quinta dimensión, en donde la información no está ligada a pensamientos humanos, sino que por su cercanía, está más unida a la Gran Mente Creadora. Dentro de la quinta dimensión, en donde la tercera ya no tiene la influencia que todavía tiene en la cuarta, no existen pensamientos de miedo o supervivencia. Éstos han sido superados y sólo hay amor y unidad. Aquí también hay diferentes niveles. Después sigue el sexto círculo o sexta dimensión, que se encuentra a sólo un paso para unirse a la Gran Mente, al Todo."

"Para que seres de la quinta dimensión puedan penetrar en la sexta, deben recibir un impulso de los humanos, así como los de la sexta a la séptima. Es muy importante para el plan universal que ustedes suban el siguiente peldaño e impulsen a los que siguen, en el universo todo y todos son importantes."

—Perdona que otra vez te interrumpa: ¿Esos seres de otras dimensiones ya no somos nosotros mismos? ¿Quiere decir que son otros que dejamos de existir?

—Esperaba tu pregunta. Ante ti está la respuesta y dentro de ti también. Hoy estoy en la quinta dimensión, como antes estuve en la cuarta y en la tercera, sin embargo, sigo siendo el mismo en conciencia. Cuando, algún día, penetre en la sexta dimensión, también seguiré siendo el mismo en conciencia, hasta que me una a la séptima, a la Gran Conciencia y, aun ahí, seguiré en conciencia, porque sólo soy un pensamiento de la Gran Mente. Desde tu paradoja humana, tal vez no entiendas que éste tiene conciencia. ¿Acaso todo lo creado en tu dimensión no fue primero un pensamiento? La computadora en la que escribes fue antes algo que se pensó, la única diferencia es que ella no tiene conciencia, pero tú sí; y una vez que se despierta, nunca vuelve a dormir.

"El segundo ejemplo está en tu cuerpo. Dentro de él tienes todas las dimensiones; desde lo más denso, que son tus huesos, después tus músculos, sangre en tus venas, aire en tus pulmones. Todos está ahí y todos eres tú, la diferencia es que tal vez tus huesos, tu sangre, tus venas y tu aire no tengan conciencia, pero ahí están. Dentro de tu cerebro existen las otras dimensiones: tienes desde pensamientos básicos de supervivencia, pensamientos de amor, de creación, de belleza y, sobre todo, de conciencia en comunión con la Gran Conciencia. Todo eso eres tú, eres un universo dentro del universo, eres dios dentro de Dios. ¿Ya te queda claro?

—Sí, resulta muy sencillo de entender de esta manera —contesté—, y es por eso que enfermamos cuando nuestros pensamientos no son coherentes. Influyen sobre nuestros tejidos de tercera dimensión. Si fueran coherentes "jalarían" a mis tejidos hacia otra vibración y no enfermarían. De continuar con este tipo de trabajo evolutivo, mis tejidos cada vez vibrarían más alto hasta trascender esta tercera dimensión. Creo que esto fue lo que te sucedió a ti, a los mayas, a Jesús y a otros más.

—Vas muy bien. Esto, por el momento, no es tan importante. Hay que ir paso a paso. Lo urgente es sumar mentes en pensamientos coherentes para disminuir la información de miedo en la cuarta dimensión. Hay que llegar a más cerebros con los datos que has recibido, y otros muchos la están recibiendo. En tu caso, tu trabajo inmediato es darlo a conocer a través de un libro. Ésta es una forma rápida para que muchos lo sepan.

—Pero esta información para la mayoría de las personas será fantasiosa, tal vez no lo crean…

—Eso es lo que tu mente, siempre llena de dudas, piensa. Por última vez te digo: deja de dudar. ¿No recuerdas las experiencias que te hice revivir antes? Tú escríbelo, porque los que están preparados lo entenderán de inmediato y no dudarán, y en aquellos que no lo estén, sembrarás la inquietud, y cuando con el paso de los meses empiecen a corroborar que todo lo escrito va a ir sucediendo, cambiarán por completo su percepción actual.

"Para motivarte más, ahora te seguiré informando qué sucedió, no sólo antes de 2012, sino lo que aconteció en esa maravillosa fecha. Como ya dije, los cambios de comportamiento humano se fueron dando a pasos agigantados gracias a la lectura de este tipo de libros y a la impartición de talleres. Poco a poco, el miedo, la delincuencia y la intolerancia fueron disminuyendo. Cada día los seres humanos se orientaban más hacia la espiritualidad y a las grandes preguntas, pasaban más tiempo en meditación, buscaban mantenerse en armonía y en amar al prójimo, en crear belleza. Esta alta vibración comenzó a armonizar, no sólo a las mentes de la Tierra, la misma Tierra también se armonizó, y los grandes cataclismos y cambios climáticos que se iniciaron desde principios del siglo XXI comenzaron a disminuir. A partir del año 2010 hubo menos huracanes, menos explosiones volcánicas y el clima en el mundo entero fue mejorando."

"Todo esto le dio la certidumbre a la humanidad de que sí existía la posibilidad de un cambio. Tan fue así, que logró conjuntarse la masa crítica para esos tres días de di-

ciembre de 2012. Los famosos 3 días, del 19 al 21 de diciembre, cuando la Tierra ingresa en un campo fotónico. Antes
se vislumbraba como un cataclismo, como 3 días de oscuridad, pero, por el contrario, cuando se penetra en un campo
fotónico es el momento en que nuestro cerebro y cuerpo,
al percibir tal cantidad de luz, entran en sintonía con ella
a través de los ya tan mencionados notubulos, que al penetrar tantos fotones por esos pequeños tubos hacen vibrar
como nunca cada célula, empezando así el viaje hacia otra
dimensión. En todo el mundo se esperó esa fecha con gran
regocijo; no con miedo, sino con festivales de música y arte
en los cinco continentes para dar la bienvenida al cambio,
todos los medios de comunicación hablaban de lo mismo.
A partir de enero de 2012, sólo había noticias para esperar
con júbilo esas fechas; existían por ahí algunos escépticos,
pero sus pensamientos fueron borrados del inconciente colectivo ante la gran ola de pensamientos positivos."

"Esta alta vibración gama en el planeta creó una especie
de campo electromagnético alrededor de la Tierra. Cuando se dio la famosa alineación con el centro de la galaxia
y aumentó la actividad solar, en lugar de quemar la Tierra,
como se había predicho, ese campo electromagnético de
amor de alta vibración sirvió como un transformador a
toda esa energía proveniente del Sol. La tormenta de taquiones, al chocar con ese nuevo campo que cubría al planeta, lo convirtió en una alta vibración, y todos los seres

humanos fueron afectados por la misma. Los cuerpos seguían siendo iguales, pero la percepción fue muy diferente después de esos tres días. Se sentía como un cosquilleo que recorría cada célula del organismo. La mente de todos percibió la siguiente dimensión, y en ese instante el miedo a la muerte desapareció, las enfermedades comenzaron a abandonar el cuerpo y los pensamientos de todos los humanos se transformaron en amor y armonía, en unidad con todos."

"Los conflictos bélicos cesaron por completo, las religiones se unieron en una sola, que reconocía a la Gran Conciencia. Todos los seres del planeta comenzaron a ayudarse unos a otros sin temor a la pérdida, se compartía el pan, el vino, la sonrisa… Todo esto sucedió porque el ser humano, después de esos tres días, experimentaba las dos dimensiones (tercera y cuarta) simultáneamente, es decir, se era de este mundo sin ser de este mundo."

"Los veintiún años posteriores al 2012 formaron los cimientos para que el humano que vivía en la tercera y cuarta dimensión, percibiera desde la tercera dimensión menos densa la información de amor de la cuarta. Durante esos años la alta vibración e información de la quinta dimensión, al conectarse con lo coherente de la cuarta, abrió la posibilidad para la comunicación con los seres queridos que habían partido antes. Esto se hizo una realidad, desapareciendo el dolor por la pérdida."

"Cuando el cerebro y el ADN evolucionan, es posible la comunicación con los seres que se han ido, porque la corporalidad es menos densa y el potencial cerebral dormido empieza a despertar a nivel interdimensional."

"¡Imagina qué espacio de vida más maravilloso ver a todos los seres humanos como hermanos, sin fronteras, sin religiones y sin miedos, al estar en contacto con los que se habían ido antes y, al mismo tiempo, teniendo acceso a la información de la quinta dimensión. El nombre del nuevo humano sobre el planeta fue conocido como *Homo sapiens interdimensional*. Lo que sucede después, por ahora, no es importante que lo sepas, creo que con esto que te he dicho será suficiente para motivarte."

—¿Motivarme? Puedo decirte que no existe nada más importante para mí a partir de este momento, que formar parte de ese maravilloso cambio, y creo que muchas personas, cuando conozcan esta información se unirán también a esta nueva posibilidad de ver la vida. No existe en este planeta meta más importante que lograr ese cambio del cual hablas, porque el dinero, la fama y los apegos nos pueden dar satisfacciones, pero siempre dentro, muy dentro de nosotros sabemos que hay algo más que llenará el vacío existencial. Tenías razón —continué—, si en algún momento llegó a existir la duda en mí para escribir el libro que me pides, puedo decirte que no existe más. Realizaré el libro y llegará a quien tenga que llegar, porque estoy de acuerdo en que esta transformación no puede detenerse.

—Me da gusto verte con esa energía, eso es lo que necesitamos; gente que crea y se apasione con el cambio, porque ese fuego es el que incinerará las dudas y los miedos que el ser humano ha tenido por tantos años. Es el que abonará la Tierra para esa nueva semilla que está por germinar. Te deseo mucha suerte, seguiremos en contacto, porque más adelante te proporcionaré algunas técnicas para que el ser humano facilite su cambio. ¡Hasta pronto, dentro de poco todos nos veremos en la otra dimensión!

Ésas fueron sus últimas palabras… Resonaron en mi cerebro como un gran tambor, como un gong tibetano…

La comunicación mental había terminado y de nuevo me encontraba sentado en la hierba contemplando el paisaje. Antes, mi pensamiento hubiera sido lógico y científico, "esto tal vez fue sólo un sueño", me hubiera dicho. Pero por lo visto algo había cambiado en mí, dejé que esos pensamientos de duda pasaran como las nubes que veía en el firmamento, y abrí paso a la certidumbre de que todo había sido real.

—Manos a la obra —me dije.

La lógica me decía que lo único que tenía que perder era la oportunidad de vivir los últimos años de mi vida sin el miedo a la muerte, a la pérdida de seres queridos, a los apegos. Sobre todo, la meta de ser parte del cambio era más excitante que cualquier otra cosa que hubiera conocido. El pensamiento racional y científico me decía que todo aquello que me habían explicado era posible, ¿por qué no tomarlo como una nueva verdad de vida? Estoy seguro que será mucho más fructificante que todos los pensamientos pasados basados en la supervivencia.

Me imaginé como lo que soy, común y corriente, con todas las ventajas y desventajas que ello conlleva, pero al mismo tiempo despertando cada día con la ilusión y la meta de poder crearme y crear un mundo con un potencial nunca antes soñado, algo que va mas allá del triunfo material o de la fama, que supera todas las expectativas, que son muchas en esta tercera dimensión.

Un ser que mirando desde otra dimensión que apenas puede tocarla, pero lo suficiente para darse cuenta de las enormes posibilidades de cambio evolutivo que tenemos los seres humanos.

Contemplar la posibilidad de un mundo de paz y armonía, sin las grandes diferencias, materiales, ideológicas, de credo, de nacionalidad.

Un mundo como lo vieron algunos astronautas, una Tierra que desde arriba se ve sin fronteras y sin sufrimiento, sólo belleza.

Y la pregunta es: ¿por qué no poderlo vislumbrar desde ahora?

¿Que podría perder en el camino?

Un día sin tanto sufrimiento personal, aunque ese día

pudiera tener muchísimos problemas y sufrimientos emocionales o físicos en esta tercera dimensión.

Estaré conciente. Sí, tal vez lavándome el coco, pero sabré que es tan sólo un momento en el camino de la infinidad que nos espera y así los sufrimientos perderán fuerza, por otro lado, cada pensamiento que venga a mi mente siempre lo relacionaré con un gran cambio.

Y así, cada momento de mi vida personal, de familia, de trabajo, de estudio, de credo, estará precedido por un pensamiento positivo que me ayude y ayude a todos a vivir en mayor paz y armonía.

Sí, éste sería mí día a día si tomo la decisión. Aunque perderé mucho, por supuesto.

Perderé todos esos momentos de ira que tanto satisfacían a mi ego y a mis químicos relacionados con la adrenalina y la agresión.

Perderé todos los sentimientos de sufrimiento; si bien el dolor físico pueda seguir presente, supongo que será menos intenso.

Perderé todos los momentos de falta de comunicación con mis seres queridos. Ganaré entonces todos esos momentos de reencuentro con viejos amigos. Ganaré entonces todos esos momentos en donde cualquier mano que estreche sea como la mía y así como llegué a amarme, amaré a todos los seres con los que me cruce en el camino.

Ganaré entonces todos esos momentos de sentirme

partícipe de un gran cambio evolutivo que nunca antes se dio en la historia de la humanidad.

Ganaré entonces todos esos momentos de sentirme que día a día voy cambiando hacia algo mejor.

Ganaré entonces todos esos instantes en los cuales cada vez que mi cuerpo se duerma esperaré un sueño en donde siga mi conciencia viviendo.

Y en esta oscilación entre perder y ganar, la balanza se inclinará más hacia el entendimiento, que a la angustia, miedo y dolor que precede a la muerte. Me llevará a un momento de paz, alegría y esperanza, porque quiero pasar a otro sueño o a otra vida, nunca se sabrá.

Pero sé que en ese momento mi mente será lo que sabrá, y con eso me basta para aceptar perder todos los otros momentos de dolor y sufrimiento.

Y a ti ¿también te gustaría perdértelos?

TÚ Y SÓLO TÚ TIENES LA DECISIÓN

Amen. Shalom. Om Namah Shivaha, Om Mani Padme Hum, Om meta cullashi.

OMMHANIDAD

PARA CONTACTAR AL AUTOR:
ortizoscoy@hotmail.com